変革するマネジメント

［第3版］

日沖健
HIOKI Takeshi

SHRM: Strategic Human Resource Management
―戦略的人的資源管理

千倉書房

はじめに

本書は、企業内で事業・部門・職場のマネジメントを担う責任者・管理者（以下、まとめてマネジャーと呼ぶことにしよう）あるいは、そうした役割・ポジションを目指して研鑽する中堅・若手社員のみなさんに、人材マネジメントの基本理論と実践技法を解説するために執筆された。

知識社会といわれて久しい現代の企業経営においては、さまざまな経営資源の中でも、とりわけ知識・イノベーション（革新）を生み出すヒト・人材の役割が重要性を増している。しかも、グローバル化・技術革新・人材流動化といった経営環境の変化に対応した、従来と異なる人材マネジメントが求められている。

こうした事情を背景に、書店には「人事管理」「人材戦略」「人材マネジメント」といったタイトルの本が数多く並んでいる。それを承知で、あえて本書を世に問うのは、次の２つの問題意識によるところが大きい。

主役はマネジャー

まず、人材マネジメントの主役は誰なのか、という問題である。

日本企業の経営環境が安定的だった１９８０年代までは、組織をいかにうまく編成し、生産性を高めるか、という「組織管理」が経営の主たる関心事だった。組織管理の中でもヒトに関しては、雇用・賃金・異動などの「人事管理」と組合・労使関係などの「労務管理」が重視されていた。

人事・労務管理の主役は、人事規則・人事制度や労使関係を統括する人事部門であり、マネジャーは人事部門の活動を現場で運用するサポート役に過ぎなかった。

ところが、経営環境が厳しくなるにつれ、組織管理以前に、事業・組織を方向づける経営戦略が重要になってきた。そして、人事・労務管理よりも、経営戦略を遂行するのに必要な経営資源としての人材をどう管理するか、という「人材マネジメント」あるいは「戦略的人的資源管理」が注目されるようになっている。

新しい人材マネジメントの主役は、戦略を立案する経営者や戦略を立案・遂行するマネジャーである。人事部門は、マネジャーが活動しやすいように環境整備をするサポート役と位置付けられる。

いま求められるのは、人材マネジメントの主役であるマネジャーが必要とする知識・ノウハウだということである。

理論に裏打ちされた実践ノウハウ

2つ目の問題意識は、現場で使うノウハウだけで良いのか、という点である。

人材マネジメントについては、「管理職になったら、部下をこう指導しよう」といったノウハウ本が無数にある。良書も悪書もあるが、共通する疑問は、そこに書かれたノウハウがどこまで広く、将来にわたって長く活用できるか、という点である。

組織内外の環境が目まぐるしく、非連続に変化する現代は、昨日までは有効だったノウハウも簡単に陳腐化する。日本では有効なノウハウが、海外ではまったく通用しないケースもあり得る。そこで、マネジャーには常に新しいノウハウが必要となるのだが、それを次々と身に付けるのは容易なことではない。

クルト・レヴィンは「良い理論ほど実践的なものはない」と語った。よく「理論と実践は別物」「理屈通りに現実は運ばない」などと言われるが、ノウハウの根底に流れる理論や考え方がしっかり理解できていれば、ノウハウを色々な場面に幅広く適用し、変化に柔軟に対応することが可能になる。理論を深く知ることは、実践での対応力を高めてくれる。

いま求められるのは、理論だけでも、実践だけでもない。理論に裏打ちされた実践ノウハウなのだ。

本書のねらい

著者は、日本・シンガポール・アメリカでの企業勤務経験があり、現在は経営コンサルタント、そして企業研修や産業能率大学マネジメント大学院の講師として活動している。その過程で、多くのマネジャー、マネジャー志望者と接してきた。

日本のマネジャーの多くは、夢と使命感を持って熱心に仕事に取り組んでいるが、ともすると勘と経験と度胸に頼りがちである。理論に裏打ちされた実践ノウハウを駆使して、計画的・創造的なマネジメントをしているマネジャーは存外少ない。

日本で理論に裏打ちされた実践ノウハウが普及しない原因としては、日本企業の人材育成はＯＪＴによる暗黙知の伝承が中心で理論を伝える仕組みが足りない、理論と実践を融合した良い教材が少ない、といった問題点を指摘できる。

人材マネジメントを学ぶ教材については、学者が人事部門担当者向けに書いた理論書・専門書やコンサルタントや人事部門ＯＢなど実務家が体験談と経験則を紹介する実務書が中心で、理論と実践をバランス良く融合したテキストはあまり見あたらないように思う。要するに「ないなら、自分で作ろう」というのが、本書を執筆した動機である。

以上の問題意識を踏まえ、本書は「マネジャーの役に立つ」をコンセプトに、人材マネジメントの理論と実践ノウハウを解説していく。

本書の概要

本書は、人材マネジメントに関連する事がらを幅広く扱う。類書では、もっぱら人材の獲得・育成・評価・処遇といった〝人事マネジメント〟が主体となるが、人材が活動する舞台である組織について、また、マネジャーが組織・集団の中でどう活動するかという組織行動についても検討する。

第1章では、新しい人材マネジメントのあり方、全体像を確認する。とくに、SHRM、つまり経営戦略主導の人材マネジメントが不可欠となっていることを示す。

第2章では、組織の構造やプロセスについて検討する。マネジャーは、効率的・効果的に経営戦略を実現するために、組織管理の5原則や官僚制を基本に、合理的な組織の構造・プロセスを設計しなければならない。

第3章では、組織文化とその変革について検討する。組織文化は事業活動を効率化させる反面、環境変化への対応を阻む。マネジャーは、学習する組織を形成し、組織文化の変革に取り組むことが期待される。

第4章では、人事制度の設計と運用を考える。従来の人事管理の中核の領域である。経営戦略を実現するために、人材ポートフォリオを形成し、活用する。マネジャーは、自社の人事制度を理解し、適切に運用しなければならない。

第5章では、マネジャーの職場集団への働きかけについて検討する。マネジャーは職場集団を活性化させ、効率的に運営しなければならない。そのためには、コンフリクトを解消してチームシナジーを実現することが期待される。

第6章では、部下など個人へのマネジャーの働きかけについて検討する。マネジャーには、状況に応じたリーダーシップ・スタイル、バランスの取れたパワーの行使、仕事を中心にした動機づけ、双方向型のコミュニケーションなどが求められる。

本書の読み方

本書の採り上げるテーマは、広く大きな組織の問題から、狭く小さな個人の問題へと進む。人材マネジメントの全体像を掴むには、最初から順を追って読んでいただくのが有効だが、興味・関心のある箇所から拾い読みしても構わない。

各章の冒頭には、その章で扱うテーマに即したケースを挙げた。ケースは実際の企業で起こった事実に基づいているが、企業・登場人物は仮名である。漫然と読み流すのではなく、自分がケースの当事者になったつもりで読み、「自分がこの立場に置かれたら、こう意思決定・行動するぞ！」という仮説を導いてほしい。

そのうえで、本文の記述を読むことにより、理論と実践ノウハウの理解が一層深まるはずである。各章の終わりの方に本文の記述を踏まえた各ケースの考え方・着眼点(解答ではない)を記しているので、自分の考えとの相異を確認してほしい。

各章の最後には、「検討課題」を掲載している。各章の内容を自社・自身に適用する課題なので、マネジメント活動の成果を高めるために挑戦してほしい。

なお、巻末に参考文献を列挙するが、実務書という本書の性格上、日本で簡単に入手でき、読者が実際に読むのにふさわしいものに限定している。

本書が、読者の皆さんのマネジメント活動を高度化するための一助となれば幸いである。

変革するマネジメント　第3版——戦略的人的資源管理

目次

第4章 人事制度の設計と運用

第1章 人材マネジメントの時代

▼▼▼人材マネジメントのあり方が企業の盛衰を決める時代になった。この章では、全体の導入として、企業に新しい人材マネジメントが必要とされるようになった背景と戦略的人的資源管理（SHRM）の全体像を示す。

case

営業担当者の採用

藤山和夫は、カーマ化成（仮名）のアメリカ現地法人の農薬事業部・部長である。

カーマ化成は日本国内では高いシェアを持ち、安定した事業を展開してきた。しかし、国内農薬市場が成熟化し、海外展開が課題になっている。北米市場には、20年前から現地企業への委託生産で事業展開しているが、より本格的に市場浸透を図るため、2年前に現地企業と合弁で工場を立ち上げた。2年間かけて日本式の生産管理を移植し、供給体制が整い、これから販路を拡大していくところである。

半年前に着任した藤山は、自社や市場・競合の状況などを確認し、向こう3か年の中期事業計画を策定した。そして、これまで現地のパートナー企業に依存してきた営業を自前で推進するため、営業担当者を5名中途採用することにした。部内に中期事業計画を伝え、管理部に採用活動を依頼した。

それからわずか3週間後、採用を担当する管理部の二神から、状況の中間報告を受けた。

二神「そこそこ応募はありますが、現時点で部長に最終面接をお願いできそうな応募者は一人もいません。引き続き活動しますが、最終的に5名採用できるか、たいへん厳しい状況です」

藤山「一人もいないのか。労働市場はそれほどタイトじゃないと聞いているんだが。何がいけないのだろうか?」

二神「率直に言いますと、当社の募集条件があまり魅力的ではないということです」

藤山「具体的には?」

二神「まず、基本年俸が低いですし、成果報酬などインセンティブでも他社に大きく見劣りします。また、応募者は皆、秘書を付けて欲しいと要求しています」

藤山「え、秘書って…。部長の俺でも秘書なしで、秘書がついているのは役員クラスだけなんだけどな」

二神「ええ、一応そういう説明はするのですが…。今回の募集は、営業といってもルートセールスでなく、事業開発（Business Development）ですからね。アメリカでは、こういった営業には秘書を付けるのが当たり前のようです」

思わぬ報告にショックを受けながらも、藤山はとりあえず、もうしばらく採用活動を精力的に続けるよう二神に指示した。

二神が席を立ったあと、藤山はさっそく、他社の日本人駐在員に連絡を取り、相談した。しかし、答えは二神からのものと同じだった。日本とは異なる、現地の実情に応じた条件で募集しないと、とても採用は覚束なさそうだ。

翌日、藤山は本社人事部にこの件を相談した。しかし、応対に出た人事部の担当者からは、「現地の物価水準の違いなどは考慮するが、全社的な人事・給与体系を乱す例外的な取り扱いはしないで欲しい」とはっきり言われた。

◆人材マネジメントが企業の格差をもたらす

１９９０年代以降、30年以上に及ぶ長期低迷にあって、日本経済・日本企業に関しては明るい話をほとんど聞かない。80年代まで世界を席巻した日本企業の多くは、グローバル競争に敗れ、リストラという名のコスト・人員削減で何とか延命している状況である。

しかし、数こそ少ないものの、着実に成長を続ける元気な企業も存在する。ＡＩや介護といった成長市場で事業展開する企業だけでなく、衣料品のファーストリテイリングや家具のニトリのように、成熟市場でも逆風に負けず成長を続ける企業もある。

発展する企業と衰退する企業、違いはどこにあるのだろうか。要因はさまざまだが、人材マネジメントによる格差を指摘できる。対照的な2社を紹介しよう。

〔ニトリ〕

１９６７年に札幌で創業したニトリは、製造小売りのビジネスモデルで全国展開し、１９８７年から実に35期にわたって増収増益を続けている。似鳥社長らトップが打ち出す戦略が優れていることはもちろんだが、成長の背景には、売れる商品を企画し、売れる店舗づくりを実践できる人材の育成と活用がある。

成熟業界の地方企業ということで、全国区になる以前のニトリは、人材確保で苦労した。そこで、採用した従業員を徹底的に鍛える方針を採った。ニトリの従業員一人当たりの年間教育費は約26万円（２０２２年度）で、全国的に見て極めて高水準の教育投資と言える。中でも小売業の先端を行くアメリカに学ぶことを重視しており、「アメリカ流通業視察研修」は、全従業員約３９００名のうち、６００名以上が参加するという大規模なものである。そして、30代前半の店長に思い切って権限を与えて、各地域に合った店舗づくりを実践している。

〔日本航空〕

日本航空は、ナショナルフラッグとして戦後長く日本の航空産業を主導してきた。空港発着枠を優先的に与えられるなど国から手厚い庇護を受け、全日空など国内他社と比べて戦略的に優位な立場にあった。しかし、80年代からは深刻な経営不振に陥り、最終的に２０１０年に破綻した。

一流大学から優秀な人材を採用し、全日空など他社に比べて優位を誇った日航がなぜこのような事態に陥ったのか。それは、職種別に会社系・自主系と計8つの労働組合が入り乱れ、労使の対立が収まらなかったことに主因がある。80年代以降、外部から招聘《しょうへい》した経営陣がたびたび経営改革を試みたが、従業員・組合は給与・待遇など既得権にこだわり、コスト削減や業務・人員の合理化といった改革に抵抗し続けた。日航は、労使一体となった改革に取り組むことのないまま、破綻の日を迎えたのである。

ニトリと日本航空、対照的な2つの事例から、企業の盛衰を左右するのが、たんに所属する業界や戦略的なポジショニングではないことがわかる。人材がカギになっているが、人材の質と量でもなく、人材をいかにマネジメントするか、が重要なのだ。

マネジメントとは何か。色々な定義があるが、本書では「人を通して目標を達成するプロセス」と考えることにしよう。つまり、目標に自分一人で取り組んだらマネジメントではない。

部下や関係者など他人と協力して活動することで、より大きな目標を達成できるのが、マネジメントの神髄ということになる。

◆経営資源としての人材

よく「企業は人なり」と言われるように、企業活動に人材が重要であることは企業人にとって共通の認識であろう。ただ、「なぜ企業にとって人材が重要なのか？」と改めて問われると、案外答えに窮するのではないか。

企業活動には、さまざまな経営資源が必要になる。とりわけ「ヒト・モノ・カネ」、すなわち人材、製品・設備、資金はもっとも基本的な経営資源である。最近では、それらに技術、情報、時間などを加えることも増えている。

これらさまざまな経営資源の中で、人材あるいは人的資源がとりわけ重要だと言われるのには理由がある。それは人材には他の経営資源にはない際立った特徴があるからだ。経営資源としての人材には、次の4つの特徴がある。

①知識・イノベーションの担い手

カネやモノは、生産性を高めること、いったん生まれた知識・イノベーション（革新）の効果を増幅させることはできるが、そもそも知識・イノベーションを生み出すことはできない。知識・イノベーションを生み出せるのは、ヒトだけである。

②希少性が高い

世界的にカネやモノは余っている。ＩＴ革命によって情報も氾濫している。それに対してヒトは、ことに知識・イノベーションを生み出せる人材については、世界的に希少な存在である。

③活用が難しく、成果が不安定

カネやモノは活用方法が簡単で、安定的に経営の成果を生み出すことができる。それに対しヒトは、目覚ましい成果を上げることもあれば、まったく成果が出ないこともあり、成果が不安定である。また、知識社会化に伴い成果の拡差が広がっている。

④能力・モチベーションによる成果の格差

成果が不安定な要因として、能力・モチベーションの影響を指摘できる。労働者によって能力・特徴が違うし、人間には感情があり、同じ労働者でも状況次第でモチベーションのあり方が違う。これらの要因によって成果が大きく左右される。

◆知識社会と人材

とくに注目したいのは、①知識・イノベーションの担い手と②希少性の高さである。

20世紀の初めから1980年代あたりまで、自動車・電機など大量生産型の製造業が支配した工業社会だった。工業社会では、大規模な生産設備、それを導入するための資本が決定的に重要だった。まさに資本主義である。

しかしその後、先進諸国では情報・サービスといったソフトな産業が台頭したり、製造業が知識集約化したりするなど、劇的に産業構造が転換した。アルビン・トフラーやピーター・ドラッカーらが指摘するように、現代は知識社会である。知識社会においては、知識あるいはイノベーションを生み出す知識労働者が経営資源として欠かせない。

現代の知識社会において、知識労働者は希少な存在である。人員削減が横行している日本で「人が足りない」と言われてもピンと来ないかもしれないが、世界的には知識労働者やそれを管理する経営者・マネジャーは枯渇し、彼らを奪い合う人材獲得競争が起きている。知識・イノベーションは、誰でも簡単に生み出せるものではないのだ。

乱暴に言えば、カネの使用料が金利とするなら、ヒトの使用料は賃金である。工業社会だった80年代まで金利は5%、10%が当たり前だったが、現在、先進国では軒並み1〜2%のレベルまで低下している。日本では金利はほぼゼロ%である。カネは余っているのだ。一方、機械に代替される単純労働者の賃金はほとんど伸びていないが、日本以外の先進国では知識労働者や経営者・マネジャーの賃金はどんどん高騰している。

つまり、知識社会化によって資本よりも人材が重要性を増し、希少性が高まった現状こそが、経営資源の中でもヒトが決定的に重要とされる理由そのものなのである。そのうえで③④を考えると、人材の適切な管理の重要性は言うまでもないことが理解できるだろう。

◆組織管理から経営戦略へ

日本企業は、「人を大切にする経営」を実践してきたと言われる。アメリカ企業などと違って、日本企業の労使関係は協調的だし、従業員同士の人間関係も家族的である。従業員の自発的な改善は、国際的に評価が高い。日本企業は、トップの経営戦略やマーケティングでは見劣りするが、こと現場の人材マネジメントについては、世界でトップレベルにあるとよく言われる。

しかし、知識社会化に代表される近年の経営環境の変化を考えたとき、本当に日本企業の人材マネジメントは優れていると言い切れるだろうか。

工業社会では、工業製品への需要が着実に伸び、それに対応するため、企業の事業と組織はどんどん拡張していった。そこでの経営課題は、オペレーションの効率・生産性をいかに高めるか、であった。20世紀の初頭にフレデリック・テーラーによって科学的管理法が成立し、組織管理の効率を高める技術が発達したのは、こうした背景によるものだ。

　組織の効率を高めるために、伝統的な人事・労務管理では、オペレーションを担う労働者に効率よく働いてもらうことが課題になった。具体的には、安定した労使関係を構築すること、労働者の雇用・評価・処遇などを適切に行うこと、などである。

　ところが、20世紀後半から経営環境が大きく変化した。知識社会化のみならず、グローバル化、ＩＴなど技術革新、規制緩和、といった変化が次々と押し寄せた。安定的な事業・組織の枠組みの中で効率を高める組織管理の以前に、非連続な市場・競争の変化に対応するために事業・組織の方向性を決めることが要求される。アメリカでは、１９６０年代以降にイゴール・アンゾフらによって経営戦略が議論されるようになった。

　３Ｃで言うと、企業の関心は、自社内部（company）を管理する組織管理から外部の市場・顧客（customer）、競争（competitor）に対処する経営戦略に移ったのである。

◆伝統的な人事・労務管理の限界

　経営戦略が重視される新しい経営環境でも、人事・労務管理が必要なくなったわけではない。ただし、伝統的な人事・労務管理には、次のような色々な限界が目立っている。

　第１に、従来の人事・労務管理は守秘範囲が狭く、経営環境の変化に十分に対応できていない。新たな経営戦略を実現するには、戦略を生み出すトップマネジメントや戦略を実行する組織体制のあり方にも注目する必要がある。従業員・組合の管理を対象にする従来の人事・労務管理を実行するだけでは、新たな経営戦略を実現することは難しい。

第2に、従来の人事・労務管理で知識・イノベーションを生み出すことができるか疑問である。労働者が就業規則など組織のルールを守って働くことを重視した従来の人事・労務管理は、生産性を高めるのには有効だが、新しい知識・イノベーションを生み出すには必ずしも有効ではない。

第3に、従来の人事・労務管理は、労働者から見て魅力的ではない。従来の人事・労務管理において、労働者は、与えられた職務で成果を上げ、成果が正しく評価され、報酬に反映されれば職務満足を高めると想定された。しかし、人間には、自分なりに考え、創造的・挑戦的な仕事に取組みたいという高次の欲求がある。従来の人事・労務管理は、そうした欲求を持つ労働者をうまく動機づけしにくい。

日本企業は、年功序列・終身雇用・企業別組合という〝三種の神器〟に代表される日本的経営によって、組織の効率を高める人事・労務管理では大きな成功を収めた。しかし、経営戦略の推進、知識・イノベーションの創出が要求される新しい環境において、多くの課題に直面し、限界が目につくようになっている。

総じて今日、日本企業の人材マネジメントは決して優れているとは言えず、抜本的な見直しを迫られている。私たちは人材マネジメントに対する考え方を改めるべきときなのである。

◆戦略ありきか、人ありきか

本書は、組織管理を効率化するための人事・労務管理ではなく、経営戦略やイノベーションを推進するための人材マネジメントのあり方を検討する。その基本となる考え方が戦略的人的資源管理（Strategic Human Resource Management、以下ＳＨＲＭと略す）である。

ＳＨＲＭは、１９８０年代にアメリカで生まれた考え方である。企業が採る経営戦略によって必要となる経営資源が異なることを理解し、戦略的な優位性の源泉として人的資源を形成・活用しようというものである。

従来、人事・労務管理論では、人材を他の経営活動とは独立的に検討してきた。これに対しＳＨＲＭでは、古くアルフレッド・チャンドラーが「組織は戦略に従う」と主張したように、まず戦略ありきで、戦略の中に組織や人材を体系づけようとする。

現代企業は、基本的にＳＨＲＭを志向している。日本では伝統的に「最初に人ありき」の発想が濃厚で、現在の組織・人材を前提に、それをどう活用して戦略展開するかが問われてきた。しかし、２０００年以降こうした考え方は大きく変化している。日本でも、事業戦略が異なるビジネスユニットに対し異なる人事制度を導入する企業が増えるなど、ＳＨＲＭの考え方が浸透しつつある。

ただし、SHRMが絶対というわけではない。SHRMを否定する見解として有名なのは、ジェームス・コリンズのベストセラー『ビジョナリー・カンパニー②』である。長期的に優れたパフォーマンスを維持し続ける企業の条件を分析した同書で、コリンズは次のように主張している。

「偉大な企業への飛躍をもたらした経営者は、はじめにバスの目的地を決め、つぎに目的地までの旅をともにする人びとをバスに乗せる方法をとったわけではない。まず適切な人をバスに乗せ、不適切な人をバスから降ろし、その後にどこに向かうべきかを決めている」

つまり、優良企業はSHRMの考えを採っておらず、「最初に人ありき」を実践しているというのだ。

コリンズの主張は世界的に賛否両論だが、こと日本企業には当てはまらないと考えるのが妥当だ。アメリカ企業とは違って「最初に人ありき」を実践することが多い日本の組織の中でも、とりわけ優秀な人材をバスに乗せてきた旧大蔵省・日本航空・東京電力などが失敗した事実は、コリンズの主張に普遍性がないことを示している。

このように、さまざまな見解があるものの、本書は、主流であるSHRMの考え方に立って、

第２章以下の各論を展開する。

なお、２０２０年に「人材版伊藤レポート２・０」（一橋大学伊藤邦雄教授が座長を務めた経済産業省「人的資本経営の実現に向けた検討会」の報告書）が公表されて、「人的資本経営」が注目を集めている。「人的資本経営」とは、人材を資本と捉えて教育投資の対象とし、企業価値を高めていくという経営手法である。

伊藤レポートや専門家による解説では、「人材をコストや資源と捉えるべきではない」「人的資源管理は、経営戦略や価値創造と結びついておらず有効ではない」「人を管理するという発想ではダメだ」などと人的資源管理をやり玉に上げている。

ただ、ＳＨＲＭはまさに経営戦略の実現や価値創造を目指しているし、「管理＝悪」というのも短絡的な発想だ。また、伊藤らは人的資本経営を人的資源管理に代わる新しい手法だとするが、人的資本の方がアダム・スミスが提唱し、ゲーリー・ベッカーらが発展させた古典的な概念である。「人への教育投資が必要」という当然の主張には異論ないものの、人的資源管理への批判は的外れである。

現時点で「人的資本」という〝新用語〟がどこまで日本企業に浸透するかは不明だが、人的資本経営とＳＨＲＭに本質的な違いはないので、本書では「人的資源」という用語で議論を進めていく。

図1-1◆SHRMの体系

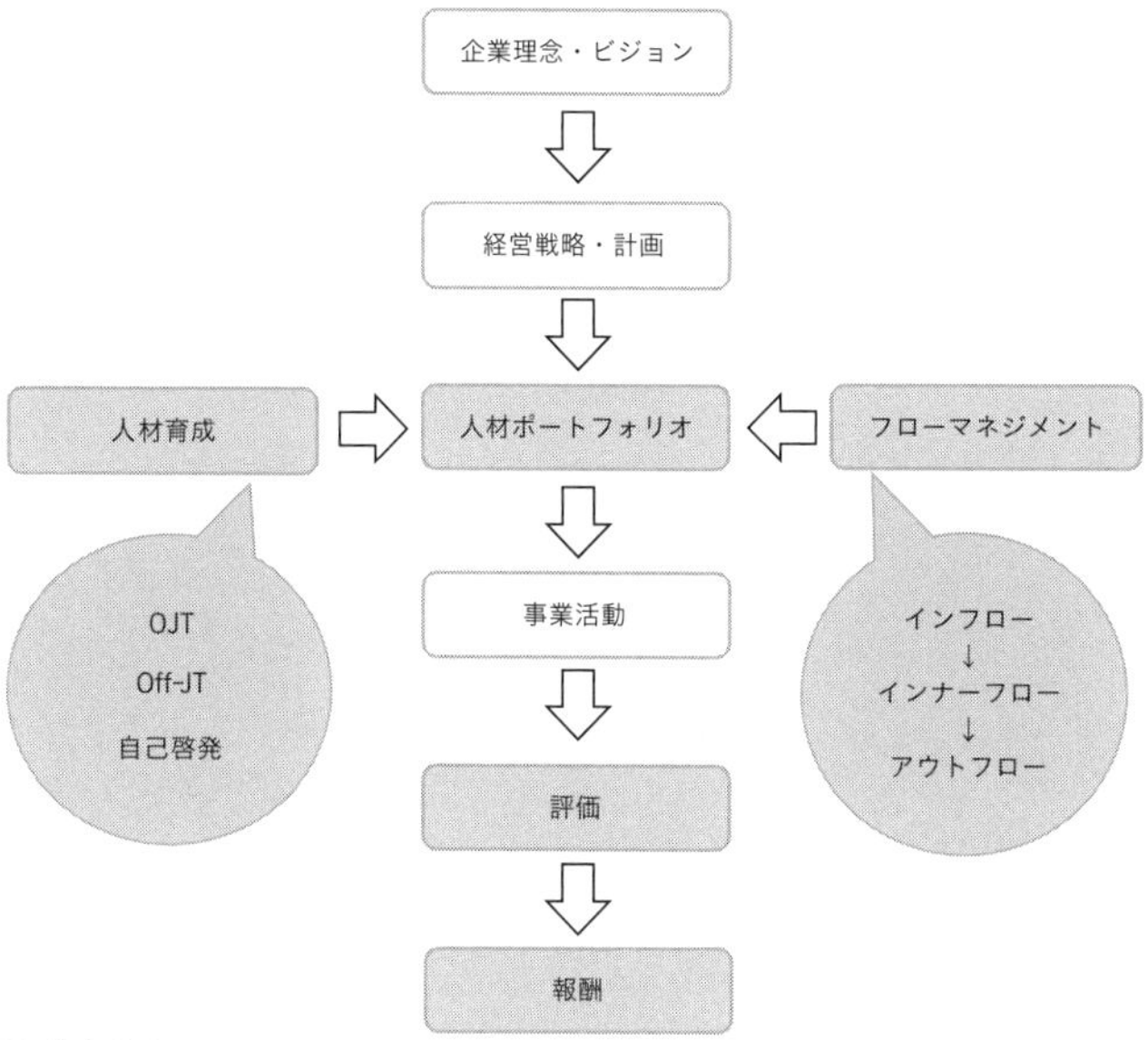

出所：著者作成

◆人材マネジメントの全体像

ＳＨＲＭの発想に立つ人材マネジメントの全体像は、図１－１のとおりである。

出発点は、企業が実現したい企業理念やビジョンである。企業理念・ビジョンにはさまざまな定義があるが、企業理念とは、企業としての存在意義や行動規範をまとめたものである。最近はパーパスという呼び方をすることもある。ビジョンとは、それによって将来こうありたいという見通し・構想である。

企業理念・ビジョンを実現するための方策として、経営者・マネジャーは経営戦略や経営計画を打ち出す。経営戦略は、企業理念・ビジョンを達成するための大まかな施策で、どのような領域で事業を展開するかという成長戦略とその領域の中でどう競争相手と戦い市場ニーズを捉えるかという競争戦略に分かれる。それを中期や年度ごとの施策に具体化したのが経営計画である。

　経営戦略・経営計画を実現するにはさまざまな経営資源が必要となるが、その中でも中核になるのが人的資源、人材である。人材について、人材ポートフォリオを構築する（製品については製品ポートフォリオ、技術については技術ポートフォリオを構築する）。人材ポートフォリオは、戦略・計画の遂行にどのような職種・専門分野・技能水準・雇用形態の人材が必要となるのかをまとめたものである。かつては「わが社に必要な人材は…」として人材像という用語がよく使われたが、グローバルに多彩な事業活動を行う現代企業の人材を一括りで論じるのは難しい。そのため、近年は、人材像に代わって人材ポートフォリオという用語を使うようになっている。

　人材ポートフォリオは、２つの方法で形成される。１つは人材育成、もう１つはフローマネジメントである。人材育成は、ＯＪＴ・Ｏｆｆ‐ＪＴ・自己啓発によって、人材に必要な能力・スキルを身に付けさせる活動である。フローマネジメントは、採用・契約のインフロー、異動・配置転換のインナーフロー、退職・解雇・契約解除のアウトフローによって、必要な人材を確保、不要な人材を除外する活動である。採用・退職といった活動は、それ自体を独立したものとして考えがちだが、ＳＨＲＭでは人材ポートフォリオの形成を目的に行われていることになる。

そして、人材ポートフォリオが形成されたら、組織として役割分担して事業活動をする。そこでの活動や成果などを評価し、報酬を支払う。

以上を体系化した図1－1の中で、色がついている部分が人材マネジメントの領域である。第2章以下では、この体系に沿う形で人材マネジメントの理論とノウハウを検討していく。

◆マネジャーによる人材マネジメント

ここで改めて、人材マネジメントの主役がマネジャーであることを強調しておきたい。

SHRMの体系の中で、企業理念・ビジョンや長期的な経営戦略を策定するのは経営者の役割であるが、それを短期の経営戦略・経営計画に具体化し、実行して成果を実現するのはマネジャーの責務である。したがって、経営戦略実現のために展開する人材マネジメントも、マネジャーの責務ということになる。

もちろん、フローマネジメントや報酬などの業務については、人事部門担当者が専門家として直接的に実行する。しかし、それは人事部門が主体的に実施しているわけでなく、経営者やマネジャーからの委託を受けて業務を担っていると考えるべきである。

SHRMを展開するアメリカ企業には、本社組織として人事部が存在しない場合が多い。各事業部門の中で人材マネジメントを完結させているからだ。日本企業でもSHRMが徹底されれば、人事部がなくなると予測する向きがある。

もちろん、採用・教育など一括で実施した方が効率的な面があり、将来的に人事部がなくなるかどうかはわからない。大切なのは、SHRMにおいて人材マネジメントの主役は各事業部門であり、マネジャーと人事部門の関係も大きく変わっていくことである。

実は、従来型の人事・労務管理でも、新しいSHRMでも、第2章以下の各論でマネジャーが取り組む業務やマネジメント活動にそれほど大きな違いがあるわけではない。しかし、ただ与えられた業務に取り組むのと、背景・ねらい・概要を深く知って考えながら業務に取り組むのでは、業務の質と将来の発展性において、大きな違いがあることを指摘しておきたい。

ケースの解説

営業担当者を採用できない、という本ケースの問題は、表面的には人事・労務管理の実務的な問題に見える。しかし、問題の背景を考えると、人事・労務管理だけでなく、カーマ化成のグローバル戦略が抱える問題点に行きつく。

ケースの情報から、カーマ化成は、日本で成功した経営戦略や組織管理をそのまま海外に移転しようとしているようだ。日本と同じ工場を建て、労働者に日本と同じ働き方をさせ、日本と同じものを作り、売る。それで事業がうまく行けば良いが、日本とアメリカでは経営環境は異なるから、異なる経営戦略、異なる組織管理が必要だろう。

SHRMでは、まず経営戦略を明らかにし、それに適した人材ポートフォリオを形成し、管理する。元になる経営戦略が不明確、あるいは間違っているなら、藤山はまずそこから対処する必要があるだろう。

また、メーカーで営業担当者というと、工場で作ったものを売れ残らないようにさばく受動的なイメージが強いが、今回のような事業開発の営業は知識労働者の側面が濃厚である。本社人事部の担当者だけでなく、藤山も、営業担当者という一括りで論じているのは、知識社会化への認識が不十分だと言える。

マネジャーとして藤山はこの事態をどう打開するべきだろうか。藤山の命を受けて実務を担う二神にはっぱをかけても、本社の人事担当者に相談しても、らちが明かないだろう。藤山が本件を自身の問題と捉えて、カーマ化成のグローバル戦略をそもそも見直すか、例外的な措置を認めるよう、日本の経営陣に働きかけて行く必要がありそうだ。

検討課題

1. 自社を取り巻く経営環境と経営戦略はどう変わっているだろうか。自社の経営に大きな影響を与えている要因と自社のビジョン・経営戦略の特徴点・今後の方向性を分析せよ。

2. 自社のビジョン・経営戦略の実現に必要な人材ポートフォリオはどのようなものかを明らかにせよ。自社全体と自部門に分けて考えると良い。

3. 自社の人材マネジメントは、まず人ありきか、まず戦略ありきか。自社の経営戦略と組織・人材の関係を分析し、SHRMの発想で人材マネジメントが行われているかどうかを分析せよ。

第2章 組織の構造とプロセス

▼▼▼この章では、マネジャーが人材マネジメントを行う大きな舞台として組織について考える。経営者・マネジャーは、経営戦略実現のために組織原則などに基づいて合理的な組織構造・組織プロセスを設計しなければならない。

case

組織改革の顛末

板垣誠は、大善石油の関西支店長である。関西支店は、ガソリン・軽油・灯油といった石油製品を関西地区の代理店・需要家に販売している。

石油業界は、１９９０年代以降の規制緩和や２０００年代からの国内需要の減少で、苦境に立たされている。各社とも、コスト削減、精製・販売設備の廃棄、新エネルギー事業の開発といった対応を進めているが、状況は改善していない。

大善石油も、厳しい状況は同じだ。これまで人員削減を含む合理化を進めてきたが、さらに今春、18年ぶりとなる大幅な組織改革を行った。

改革の目玉は2つ。1つは、生産・物流・販売・経理といった機能別組織から、支店や製油所を独立的な損益責任の単位として担う「カンパニー制」への転換、もう1つは、トップの方針を下層に展開するトップダウンの組織プロセスから、個々の従業員の主体的な行動を引き出す「ボトムアップの組織プロセス」への転換である。

市場縮小・競争激化という状況で、以前のような待ちの姿勢が通用しないのは明らかだ。カンパニー制とボトムアップによって、支店・製油所など現場が採算を意識し、マーケットの変化に主体的・機動的に対応してほしいというのが、経営陣のねらいである。

新しい組織体制・プロセスが導入されて8か月が経った。他部門・他支店の状況は定かでないが、板垣が管轄する関西支店については、まだ組織改革は軌道に乗っておらず、ちぐはぐさが目立つ。

カンパニー制の導入を受け、板垣は、採算販売の徹底を営業担当者に指示した。取引の採算性が高い代理店には思い切って販売支援を行う一方、採算性が低い代理店には出荷を絞り、最終的に取引停止も辞さないという方針により、収益向上を目指した。しかし、4月に方針決定をした直後、本社の生産管理部から、製油所の稼働率を維持するために、販売数量の減少を招きかねない営業方針では困る、というクレームが来た。本社の経営企画部門を交えて協議した結果、関西支店の方針は受け入れられなかった。

ボトムアップの組織プロセスでは、以前は本社営業本部↓支店長↓課長↓営業担当者の順に目標をブレイクダウンしていたものを、各営業担当者に自主的に目標を立てさせることに変更した。このやり方を始めたところ、営業担当者は成果を出しやすい既存代理店への販売活動を重視し、新規需要家の開拓やエネルギー・ソリューションの提案といった難易度の高い活動を敬遠するようになった。また、明らかに低めの目標を設定する営業担当者が目立った。

第一線の営業担当者からは、「いきなり自分で目標を立てろと言われても、何をやれば良いのかわからない」「以前はみんなで助け合って仕事をしていたが、改革以降は、自分のことしかしない者が増えた」という声が上がっている。

こうして、組織改革を受けた板垣の施策は頓挫し、以前とほとんど変わりない営業活動を続けているのが現状である。まだ改革から8か月しか経っていないので、成否を判断するのは時期尚早かもしれないが、今後どう対応するべきか、板垣は思案に暮れている。

◆なぜ組織が必要なのか？

現代のビジネスは、一般に企業という組織によって運営される。この章では、マネジャーが人材マネジメントを行う舞台である組織の構造・プロセスについて検討する。

まず、そもそもなぜビジネスにおいて組織が必要なのかを確認しておこう。

結論的には、組織によって効率的に資源が活用され、社会が発展する、というのが組織の存在意義である。

資源が効率的に活用される要因として、規模の経済、範囲の経済、分業の利益などを指摘できる。

●規模の経済

生産量など活動量が大きくなると、単位当たりの生産コストが低下する効果。生産コストは、活動量に関係なく一定額が支出される固定費と活動量に応じて比例的に支出される変動費に分かれる。活動量が増加しても、固定費は不変なので、単位当たりの固定費が薄まって、単位当たりの総コストが低減する。

●範囲の経済

組織が複数の事業を行うことによって、おのおの単独で事業を行うよりもコストが低下する効果。自社が既存事業で有する販売チャネル、ブランド、技術、生産設備などの経営資源やノウハウを複数の事業に共用できれば、それだけ効率的だ。

●分業の利益

分業によって資源が効率的に配分され、専門性が高まる効果。従業員は、それぞれが異なる優位性(専門性)を持っている。各主体が他の主体に比べ優位性を持つ事がらに専門的に取り組むよう分業することで、効率が高まる(この考え方を国際貿易に当てはめたのがリカードの比較優位説)。また、分業によって専門性が高まり、習熟による効果(経験曲線効果)が得られる。

チェスター・バーナードは、組織を「意識的に調整された2人またはそれ以上の人々の活動や諸力のシステム」と定義した。もちろん、経営資源を調達し、モノを作って売るというビジネスそれ自体、わざわざ組織をつくらなくても、個人が市場機能を使って実行できるが、調整されたシステムとして活動する方がこれらの効率が上がるということになる。

つまり、組織が存在することによって、目標やルールに向かって統一的な活動ができる。技術・ノウハウが蓄積され、次の事業活動に転用できる。個人が単独で実施する場合に比べて、組織が「意識的に調整」する方が調整コストが低減するというのが、組織の存在意義である。

なお、こうした組織の経済的な側面だけでなく、日本では従業員にとっての共同体としての側面を重視する見解が強い。従業員が社会生活を営む場、自己実現をする場、心の拠り所として、組織は重大な役割を果たしている。マネジャーは、経済的な側面だけでなく、共同体的な側面にも配慮しなければならない。

ただし、日本では長年、組織の経済的な側面を軽視する一方、従業員の結婚の面倒まで見るように、共同体的な側面を強調しすぎてきたきらいがある。本書では、本来的な役割である経済主体としての側面を中心に検討することとしたい。

◆組織管理の5原則

組織の活動を効率的にするには、マネジャーは原理・原則に従って組織構造・組織プロセスを設計・運用するべきである。

組織構造とは、組織構成員への権限と責任の割り当て、分業などで、組織図・規程・職務記述書などによって表現される。

組織プロセスとは、組織を運営する流れのことで、意思決定やコミュニケーションのやり方などを意味する。別の表現をすると、ＰＤＣＡ(Plan→Do→Check→Act)を回す手順といっても良い。

アンリ・ファヨールら研究者が示した組織構造・組織プロセスに関する原則のうち、とく重要と言われる次の5つを「組織管理の5原則」とか「組織原則」と呼ぶ。

①専門化の原則

企業活動を分割した職能はできる限り同じ種類のものに分割し、各従業員が単一の活動に従事できるように配分するという原則。この原則によって、従業員は職務遂行における専門性と熟練を向上させ、分業の利益が生まれ、経営効率が高まる。

②階層化の原則

組織では垂直的な命令系統をつくり、下位者に権限移譲をするべきという原則。この原則によって執行と例外的な意思決定が分かれ、①と同様に、専門性・熟練の向上、分業の利益で経営効率が高まる。

③統制範囲の原則

英語でスパン・オブ・コントロール（Span of Control）と言い、一人の上司が直接統制（監督）し得る部下の数には自ずから限界があるという原則。単純な業務なら10～30人、複雑な業務なら5～7人が適正だと言われる。それよりも数が多いと管理の目が行き届かなくなって組織効率が悪化し、それよりも数が少ないと管理コストが上がってしまう。

④命令統一性の原則

ワンマン・ワンボス（One man One boss）の原則と言い、各構成員は、常に特定の一人の上司から命令を受けるようにしなければならないという原則。この原則により、組織の秩序が維持され、目標に向かって統一的な行動を取ることができる。

⑤権限・責任一致の原則

職務を遂行するうえで各組織構成員に与えられる権限の大きさと責任の大きさは一致す

べきという原則。権限が責任より大きいと、組織構成員の暴走が懸念される。責任が権限よりも大きいと、組織構成員がプレッシャーに押しつぶされてしまう危険性がある。

なお、上記の5原則は、マックス・ヴェーバーが提起した官僚制とほぼ重なり合っている。ヴェーバーは、近代社会での合理的支配システムとして官僚制に着目し、官僚制の特徴として、権限の原則、階層の原則、専門性の原則、文書主義、を指摘している。

マネジャーは、自身が率いる部門・職場がこれらの原則に則っているかどうかをチェックし、逸脱していたら、是正のために働きかけていく必要がある。

現実には、常に5原則が守られているとは限らない。たとえば、④命令統一性の原則は、後述するマトリクス型組織や部門横断プロジェクトでは原則から逸脱することがある。⑤権限・責任一致の原則については、日本企業では20代後半から30代の若手・中堅は責任の割に権限が小さく、40代以上の管理職では権限の割には責任が小さい傾向があるとされる。

ただし、こうした状態は一時的な例外にとどめ、長期的には5原則を維持することが望ましい。

◆官僚制組織

ここからは、組織図に表現される公式の組織構造とそこでの組織プロセスについて考えてい

図2-1◆官僚制組織の形成

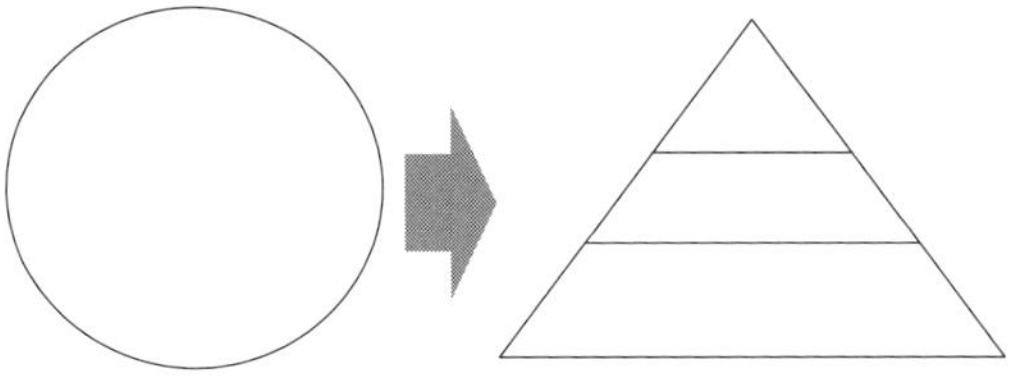

出所：著者作成

図2-2◆階層別の役割分担

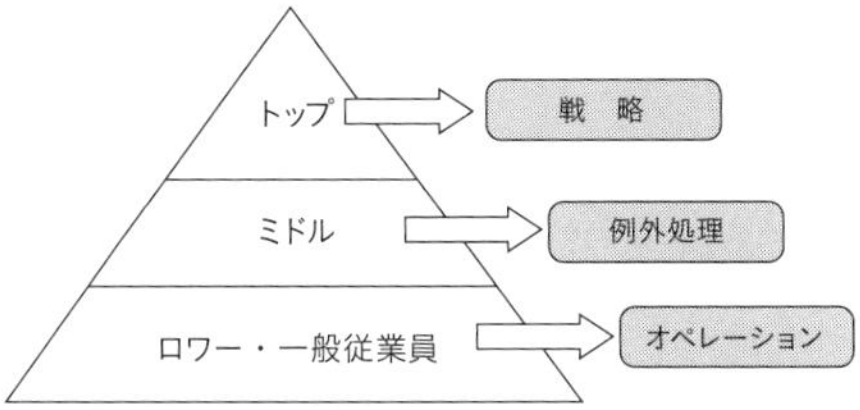

出所：著者作成

く。

組織管理の5原則やあるいは官僚制を展開すると、組織は官僚制組織（ピラミッド型組織）、さらに機能別組織になる。図2-1のように、階層化の原則によって垂直的な分業が行われた結果生まれるのが官僚制組織（ピラミッド型組織）である。

官僚制組織は図2-2のように大きくトップ、ミドル、ロワー・一般従業員の3階層に分かれ、トップは戦略立案、ロワー・一般従業員はオペレーション、ミドルは例外処理を行う。

官僚制組織では、規模の経済や分業の利益によって各階層の活動が効率的に行われる。また、ルールを文書化し、共有することによって、安定的に成果を実現できる。官僚制組織が普及したことが、近代社会が発展した大きな理由である。

ただし、官僚制組織には弊害もあり、官僚制の逆機能と呼ばれる。ロバート・マートンは、変化に対応できない、規則に沿った最低限の活動しかしない、顧客ニーズを軽視する、個人の成長を抑圧する、といった逆機能を示している。また、業務量に関係なく組織が肥大化していくというパーキンソンの法則も、官僚制に起こりやすい問題として有名だ。

官僚制組織は、ネーミングの悪さもあって、否定的に捉えられることが多い。たいていのマネジメントのテキストでは、官僚制そのものの説明よりも官僚制の逆機能の説明に紙幅を割いている。しかし組織編成の基本は官僚制であり、役所だけでなく、大半の企業が官僚制組織あるいはその発展形である。マネジャーは官僚制の逆機能に注意することは必要だが、その前に、官僚制に則ってしっかりオペレーションを遂行することをまず考えるべきである。

◆機能別組織

組織が大規模化すると、営業、生産、経理など、各職務機能に複数の従業員が携わるようになる。同じ職能を担う従業員は、同じ部門に集まった方が規模の経済や部門内での分業で効率が上がる。

図2－3のように、垂直的な分業である官僚制組織に、専門化の原則によって水平的な分業

図2-3◆官僚制組織から機能別組織へ

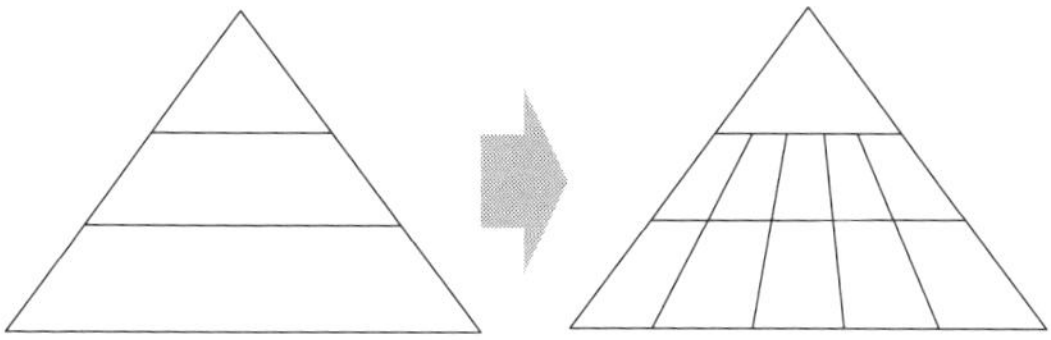

出所：著者作成

図2-4◆機能別組織

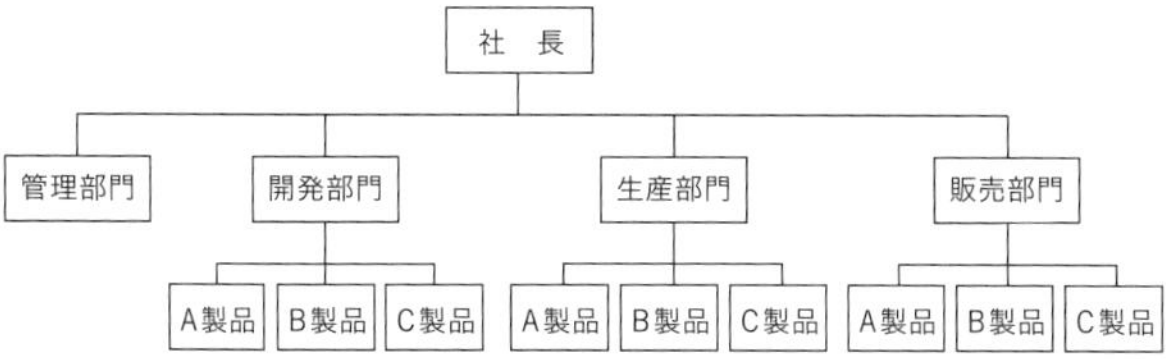

出所：著者作成

を加えたのが、機能別組織（職能別組織）である。

一般に、調達、製造、販売といった現業部門と経理、人事、総務といったスタッフ部門に分かれる（図2－4）。

機能別に分かれた各部は、コスト・センターとして費用責任、あるいはレベニュー・センターとして収益責任を負って活動する。

機能別組織には、次のようなメリット、デメリットがある。

〔メリット〕

- 各機能の専門性が発揮できる。
- トップに権限が集中することで高い効率と統制を実現できる。
- 業務集中で規模の経済が働く。

〔デメリット〕

- トップの負担が重く、職務の能率が低下する。
- 管理者が専門化し、マネジメント力のある人材が育たない。
- 機能間での人事交流や情報交換が停滞し、セクショナリズムになりやすい。
- 各機能の利益責任が不明確になる。

中堅以下の規模の企業、あるいは大企業でも自動車メーカー、石油会社など、単一の大規模な事業の展開している企業は、機能別組織を採用する場合が多い。

◆事業部制組織

企業が発展し、複数の事業を行うようになると、事業単位ごとに組織を分ける方が効率的になる。事業部制組織とは、商品群・顧客・地域といった一括りにできる事業単位を設定する組織形態である（図2－5）。

事業部制組織で、各事業部はプロフィット・センターとして利益責任を負って活動する。

図2-5◆事業部制組織

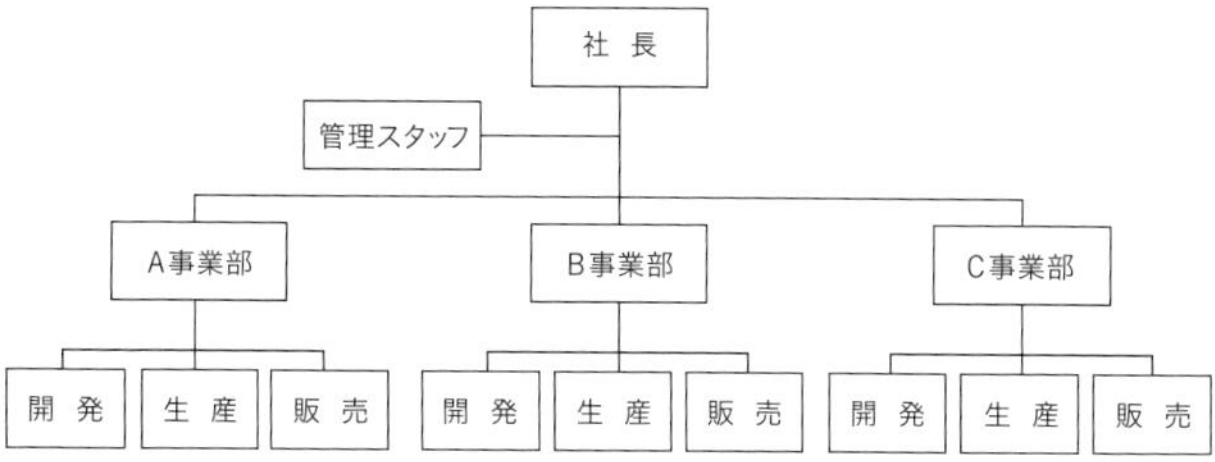

出所：著者作成

〔メリット〕

- 利益責任が明確になる。
- 経営意思決定の一部を権限委譲することによって、機動的な経営ができる。
- 経営トップの負担が軽減され、戦略的意思決定に専念できる。
- 事業部長を経営者として教育できる。

〔デメリット〕

- 各事業部で経営機能を重複して持つため、経営資源の無駄が生まれる。
- 組織の壁ができ、全社最適を追求しにくい。事業部を横断した知識・イノベーションが生まれにくい。
- 短期の利益志向が強まり、中長期的な施策が打たれにくくなる。

松下電器産業（現・パナソニック）が日本で最初に事業部制を

導入したように、多角的に事業展開をする電機メーカー・化学メーカー・商社などは、事業部制を採っている場合が多い。

◆カンパニー制と持ち株会社

事業部制組織を分権的に発展させたのが、カンパニー制や持ち株会社である。

カンパニー制は、事業単位が、内部組織でありつつ、あたかも独立した会社のように自立的な経営を行う疑似分社型組織である。

カンパニー制の実態はさまざまで、本来は利益責任だけでなくインベストメント・センターとして投資責任を負わせることを想定しているが、利益責任を負うだけで事業部制と実質変わらないものをカンパニー制と称している場合もあるようだ。

持ち株会社とは、他の株式会社を支配する目的で株式を保有する会社組織である。各事業単位を会社として独立させ、自律的に活動させる一方、持ち株会社が各社の株式を保有し、総合的なグループ経営を推進する。

カンパニー制や持ち株会社のメリットやデメリットは、項目としては事業部制とほぼ同じだが、分権化の進展度合いによって、その程度は、「事業部制組織」→「カンパニー制」→「持ち株会社」の順に強まる。

図2-6◆マトリクス型組織

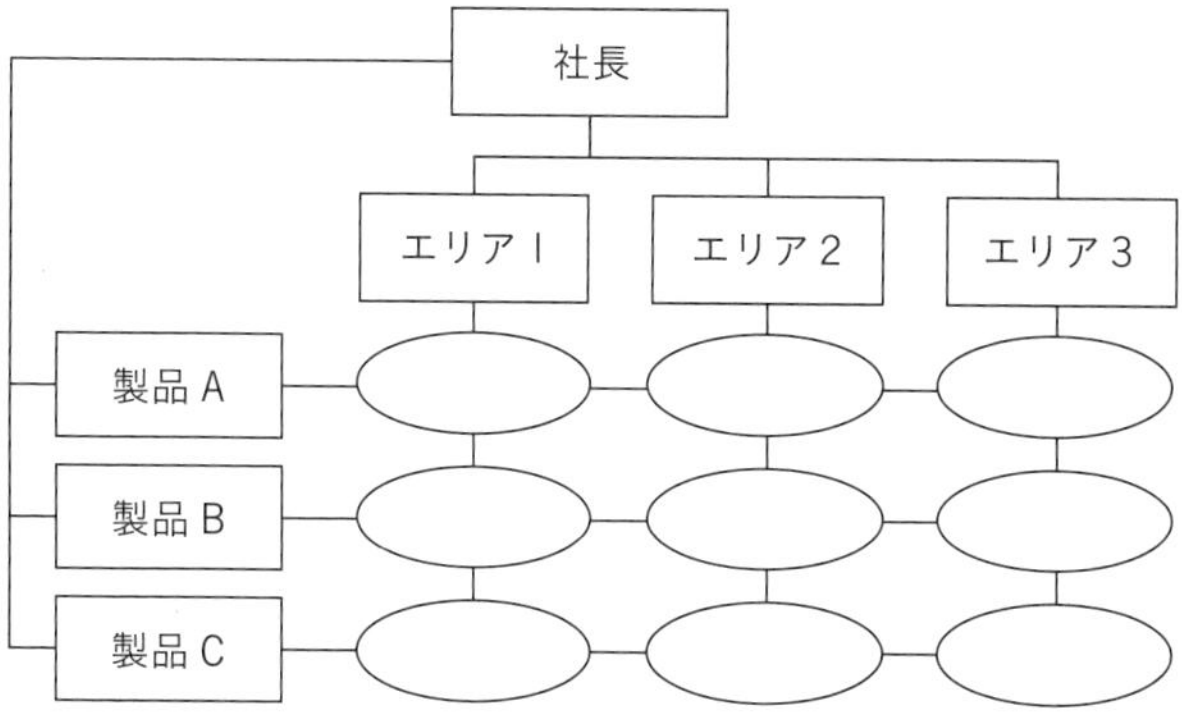

出所：著者作成

カンパニー制は、1994年にソニーが日本で初めて採用し、多くの大企業が採り入れた。しかし、1997年にそれまで独占禁止法で禁止されていた持ち株会社が解禁になったことで、カンパニー制の存在意義は薄れている。先鞭をつけたソニーも2005年に事業部制に戻している。

◆マトリクス型組織

機能別組織の持つ規模の経済や専門性などのメリットと事業部制組織の持つ機動的な経営などのメリットをともに取り込もうというのが、マトリクス型組織である。機能別組織・事業部制組織・マトリクス型組織が3つの基本組織形態と言われる。

マトリクス型組織は、製品・機能・顧客・事業テーマ・地域など異なる観点を組み合わせて、多元的な指揮系統を持つ組織形態である(図2－6)。

マトリクス型組織の代表的なメリットは、専門性を維持しながら機動的な経営をできること、さらに組織間の調整が促進されやすいこと、である。

ただし、デメリットとして、マトリクス型組織は命令統一性の原則（ワンマン・ワンボス）に反し、一人の従業員に複数の上司が存在するので、指揮命令系統が混乱しやすい。ねらいとは反対に、調整が煩雑になり、スピードダウンすることが珍しくない。

たくさんの事業をグローバルに展開する大企業では、事実上マトリクス型組織を採用している場合が多い。

◆ IT化とフラット組織

以上の伝統的な組織論に対し、近年の流動的な経営環境に対応した新しい組織構造のあり方を模索する動きがある。その代表的な議論がフラット組織、あるいは組織のフラット化である。フラット組織とは、官僚制組織と逆に、管理階層を減らした組織構造のことを言う。

組織が肥大化すると、統制範囲の原則に従ってミドルを管理するためのミドルが必要になり、階層構造が重層化する。そして、トップの方針が正確に伝達されない、伝達スピードが遅くなる、ミドルの人件費負担が増える、といった問題が発生する。こうした問題に対応するために官僚制組織の逆を目指すのがフラット組織である。

１９９０年代以降、加速的に発達・普及したＩＴによって、組織のフラット化が進むという主張が勢いを増している。ミドルを媒介した〝伝言ゲーム〟の情報伝達・共有は非効率・高コストである。組織内でＩＴの活用が進むと、ＩＴがミドルの役割を代替するようになる。ミドルを外してトップと末端従業員が直結するようになり、スピーディかつ低コストの組織運営が可能になるという。

日本企業では、１９８０年代以降組織規模の拡大が止まる一方、高齢社員が増加したことに対応して、「副支店長」「部長代理」「課長補佐」といった中間的ポストを増やしてきた。その結果、組織階層が重層化し、コストアップや意思決定のスピードダウンといった問題を招いていた。しかし、１９９０年代後半に多くの企業が経営危機に直面し、コスト削減のために、こうした中間的ポストをかなり廃止した。

日本企業でも組織のフラット化が進んでいると言えそうだが、問題はそれによってスピード経営を実現できているか、という点だ。たしかに、多くの企業で中間的ポストが減り、管理職の人件費を削減することはできたが、意思決定が劇的にスピードアップしたという事例はあまり聞かない。その要因として、階層こそ減ったが、意思決定プロセス自体は変わっていないこと、意思決定や事業管理へのＩＴの活用が進んでいない点を指摘できる。

マネジャーは、まず、無駄な中間的ポストが存在しないかどうかを確認する。無駄な中間ポストがあるなら、廃止するか、意思決定プロセスから外すといった対応をする。

中間的ポストが存在しなくても、意思決定プロセスが不必要に多段階になっていたり、いたずらに意思決定が遅い場合がある。フラット化というとポストや人件費の削減がクローズアップされるが、その本質は意思決定のスピードアップであり、ＩＴの活用を含めた意思決定プロセスの見直しが必要である。

なお、フラット化の弊害として、人材育成が手薄になりやすい点がある。２０１０年にトヨタが20年ぶりに係長職を復活させたのは、近年の事業拡大に現場の人材育成が追い付いていないという危機感からだと言われる。マネジャーは、フラット化のメリットを取り込みながらも、育成や組織活性化など、現場への関与を維持するべきだろう。

◆ミドルの存在意義

フラット組織の議論を突き詰めると、マネジャー、ミドルの存在意義を問うことになる。

官僚制組織では、オペレーションで発生する例外を処理するのがミドルの本来の役割である。また、オペレーションの効率を高めるために、方針の徹底、他部門との調整、一般従業員の監督や教育などを担当している。さらに、トップの補佐役として、市場や現場の情報を収集・分析し、有用な情報をトップに報告する役割も期待される。レンシス・リッカートが指摘する組織の連結ピンの役割である。

しかし、もしもトップやロワー・一般従業員が極めて有能ならばどうか。ロワー・一般従業員は例外処理や部門間の調整を自分でやってしまうし、監督や教育は不要だ。トップはミドルに依存せず、自分で情報収集してしまう。

もちろん、現実にはトップやロワー・一般従業員の能力には限界があり、ミドルが必要になるのだが、とすると、ミドルは「本来はなくしたいのだが、仕方なく置いている必要悪」なのだろうか。組織の中でミドルにしかできないこと、ミドルだからできることは何だろう、という話になる。

これは明確な答えのない難問だが、組織の中でミドルがトップや一般従業員に比べて優れているのは何かと考えてみると良い。ミドルの優位性は、組織の一番上でも一番下でもなく、組織の中心に位置していることではないだろうか。

ミドルは、社内で最も会社の全体像を知る立場にある。トップに近いことから経営方針・経営陣の考え方がわかる。末端の現場や市場・顧客に近いことから、オペレーションの状況、市場・競合のこともわかる。この有利な立場を生かして組織にイノベーションを起こすところにこそ、ミドルの存在価値がある。

経済発展に対するイノベーションの役割に初めて着目したヨゼフ・シュムペーターによると、イノベーションの本質は、既存の経営資源の新しい結合である。ミドルは社内外の状況を広く深く知っている立場を活かし、経営資源の組み合わせを大胆に変え、イノベーションを主導することが期待される。ミドルは組織の必要悪ではなく、現代企業に必要なイノベーションを主導する中心的な存在なのだ。

◆グローバル事業展開と本社機能

近年、日本企業はグローバルな事業展開を迫られている。それに伴い、グローバル化を組織としてどう推進していくかが、大きな経営課題になっている。

1980年代までは、日本国内で生産した製品を輸出するのが中心だったが、円高や国内人件費の上昇などを受け、低コスト化のために直接投資で生産拠点を海外に展開するようになった。2000年代半ばからは、成長する新興国市場の獲得を目指し、外食・小売といった内需型企業でも海外進出が目立つようになった。そして最近、先進企業の中には、日本・海外の区別なくグローバルにグループ経営を目指す企業が増えている。

このように、グローバル化は一足飛びに進むものではなく、段階を経て、時間を掛けて進んで行く。グローバル化の発展段階には色々な学説・モデルがあるが、代表的なものとしてEPRGモデルを紹介しよう。ハワード・パールミュッターは、経営トップの海外事業に対する姿勢を中心に、E→P→R→Gという発展段階を示した。

①国内志向型企業（Ethnocentric）…本国にある本社を中心にした経営。輸出志向の企業など。

②現地志向型企業（Polycentric）…「郷に入れば郷に従え」的な現地主義の経営。海外生産における労務管理など。

③地域志向型企業（Regiocentric）…ヨーロッパ・北米・アジアなど地域ごとの経営。地域本部制による権限委譲など。

④世界志向型企業（Geocentric）…国境や地域を越えた、グローバルな視点の経営。

グローバルな事業展開とともに、国内事業を前提としてきた組織構造・プロセスのあり方も大きく変貌する。とくに問題になるのが、本社と海外拠点の関係、集中と分散をどうバランスさせるかである。

グローバルに事業範囲を広げながらも、企業として統一した方向性を目指すためには、本社を中心に世界各地の拠点を集中的にコントロールしたい。規模の経済など効率性を追求するにも、集中は重要だ。一方、日本と異なる市場で事業をする海外拠点を地理的に離れた日本の本社が逐一コントロールするのは合理的ではない。各拠点が自律的に活動する方が効率的な面がある。

本社と各拠点との関係を中心にグローバル化の組織発展段階とその課題を整理すると、次のようになる。

①親子組織（マザー・アンド・ドーター組織）

海外展開が限定的あるいは試験的な初期段階では、海外に子会社・支店など拠点をつくり、本社から経営幹部を派遣して経営させる。本社には、子会社・支店を管理・サポートする専門部署は存在しない。この段階では、現地で自律的に経営を担える優秀な人材を選任することが課題である。社内に適任者がいない場合、外部から専門人材を採用・起用する。

②国際部・国際事業部

海外展開が進み、海外拠点の数・活動量が増えると、海外拠点の活動を管理・サポートする本社組織が必要になる。コスト・センターとしてスタッフ機能を担う国際部を設置する場合とプロフィット・センターあるいはインベストメント・センターとして海外事業活動全体を統括する国際事業部を設置する場合がある。この段階では、まだ国内事業が主体で、それとは異質な海外事業を切り離して管理することが目的である。したがって、海外のビジネスや語学に精通した海外要員（俗に言う「英語屋」）を育成することが課題になる。海外要員とその他の従業員の情報交換や人事交流は活発ではない。

③事業部のグローバル化

さらに次の段階として、既存の国内事業も国内だけで調達・生産・販売などが完結せず、グローバルに事業活動を展開する必要が出てくる。国際と国内という区分けが合理性を失い、製品や地域によって編成された各事業部がグローバル化を推進するようになる。②の国際部・国際事業部は役割を失い、縮小あるいは廃止される。

④グローバル・マトリクス型組織

複数の事業を多角的に展開する企業において、製品別の事業部のグローバル化がさらに発展すると、国・地域別の事業部とのマトリクス型組織を形成するようになる。この状態をグローバル・マトリクス型組織と呼ぶ。ただでさえ部門間調整が必要なマトリクス型組織がグローバル化するので、非常に高度な管理が要求される。そこで、複雑な管理を担える経営人材を育成することや地域内外の調整を担う地域統括会社を設置することが必要になる。

大切なのは、自社のグローバル化の進展度合いに応じて、適切な組織を選択することだ。発展段階という説明をしたので、「①親子組織は悪い企業、④グローバル・マトリクス型組織は優良企業」という印象を持ったかもしれないが、「子供は未発達だから悪い、大人は発達しているから優れている」と言わないのと同じだ。①から④は、あくまで発展段階の違いと考え、くれぐれも背伸びをしないことだ。

◆トップダウン、ボトムアップ、ミドルアップダウン

ここまでの説明は概ね、戦略的な意思決定とオペレーションの実行を階層で分ける官僚制の

組織構造とそれに対応する、トップの決定をミドル以下に落とし込んで行くトップダウンの組織プロセスを基本にしていた。トップダウンの組織構造・プロセスによって、資源が効率的に配分され、組織の目標に向かって統一的に行動することができるという前提であった。

ただし、近年、トップダウンの弊害・限界が目立つようになっている。28ページで官僚制の逆機能として紹介した事がら以外に注目したいのは、事業内容の専門化、事業展開のグローバル化、イノベーションの役割の増大、といった経営環境の劇的な変化である。

大変化が起こる以前、つまり日本で言うと１９８０年代までの工業社会では、規模の経済による効率を発揮するにはトップダウンのプロセスが有効だった。しかし、大変化によって、トップダウンによって得られる効率・低コストよりも、柔軟性・機動性・創造性の欠如に批判が集まるようになった。

80年代以降、従業員が自ら計画・実行を担う、ボトムアップの組織プロセスが検討された。上からの管理やルールを全面否定し、全員参加経営を目指すセムラーイズムが脚光を浴び、さまざまな試行錯誤が行われた。

しかし、ある程度の規模の企業になると、統制範囲の原則から、完全なボトムアップで組織を運営するのは物理的に難しい。そこで、トップダウンの基本を維持しながらも、ボトムアップのメリットを取り込めるよう、両方の折衷型のプロセスを模索する動きが広がっている。

伝統的に日本企業では、トップダウンでもボトムアップでもなく、情報の質・量で勝るミド

図2-7◆トップダウンとミドルアップダウン

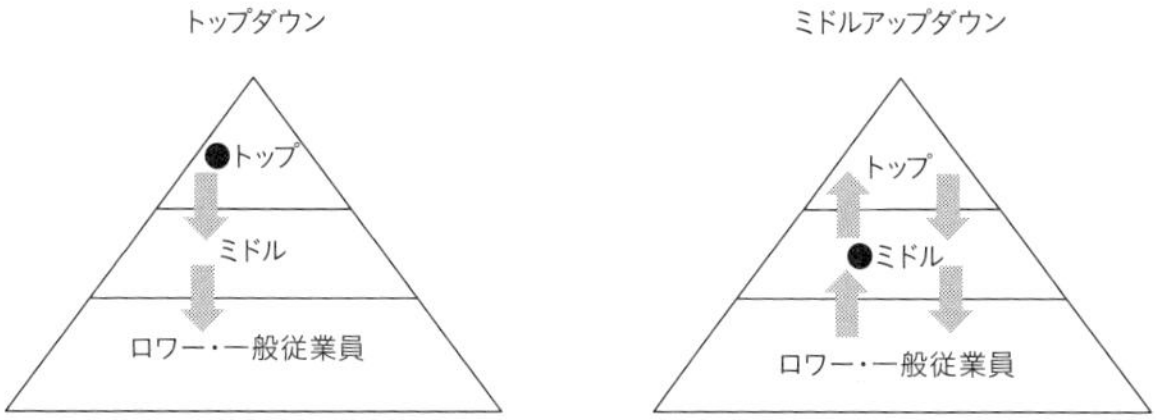

出所：野中のアイデアを元に著者作成

ル層がトップに自分達の考えを働きかけて経営方針に影響を与え、同時に現場の部下のマネジメントを行うということがよく行われている。38ページに示したような、ミドルがイノベーションの創出などにダイナミックな役割を果たす組織プロセスのことを、野中郁次郎はミドルアップダウン・マネジメントと呼んだ(図2-7)。

トップダウンが組織プロセスの基本であるが、マネジャーが自身の部門・職場を管理するうえでは、現場の活力を生かすボトムアップ、ミドルの革新的行動を引き出すミドルアップダウンの良さを柔軟に取り入れることを考慮すべきである。

ただし、ミドルやロワーは、自分が達成できそうな現実的な計画しかつくらないので、ミドルアップダウンやボトムアップでは、大きな改革が進まないという限界がある。カルロス・ゴーンが短期間で日産を変革したように、トップダウンの方が大きな改革を進めやすい。

つまり、トップダウン、ボトムアップ、ミドルアップダウンのどれかが絶対的に優れているというわけではなく、経営環境や自社の経営課題によって適切な組織プロセスを選択する必要があるということだ。

◆組織改革の落とし穴

2000年以降、M&Aも含めて、大規模な組織構造・プロセスの改革に取り組む企業が増えている。

企業が成長して事業部制やカンパニー制など複雑な形態に移行する場合もあるが、たいていは、経営環境の変化を受け、組織改革によって経営課題に対応することを目指している。経営課題とは、経営のスピードアップ、新規事業の創造、顧客対応力強化、グローバル化対応、低コスト化などである。

過去に経験がない、大きな課題に対応するには、過去の事業活動に適合するよう設計された組織構造・プロセスをつくり変える必要がある。日本企業で組織改革の頻度が増しているのは、それだけ経営環境の変化が大きく、新規の重大な課題が増えているのだろう。

しかし、経営者・マネジャーは組織改革に慎重な姿勢で臨む必要がある。何か新しい課題に直面するたびに、〝組織いじり〟に走る経営者・マネジャーをよく目にするが、大掛かりな組織改革の後も課題は未解決のままという事態が珍しくない。

組織は、事業活動に欠かせない存在だが、万能ではない。課題を解決するのは人であって、組織ではないからだ。この当たり前の原則を忘れて、安易に組織改革を繰り返すと、課題に対応できないだけでなく、従業員が疲弊してしまう危険性がある。

組織改革を何も残らないお祭り騒ぎに終わらせないために、経営者・マネジャーは次のような点に留意するべきだろう。

第1に、組織改革の必要性や目的・コンセプトを明確にする。既存の組織構造・プロセスで経営課題に対処できるなら、わざわざ組織改革の手間をかける必要はない。また、組織改革の目的・コンセプトを明確にすることによって、組織全体が成果実現に向けて一丸となることができる。

第2に、スピード感を持って組織改革を進める。組織改革それ自体は、手間とコストがかかるだけで、顧客に対し新しい価値をもたらすわけではない。時間を掛けて段階を踏んで組織変革を進めるのが適切な場合もあるが、内部作業に注力しているうちに事業の競争優位性が損なわれることがないよう、できる限り一気呵成に進めるべきだ。

第3に、人材育成やタレントの採用を考慮する。経営課題がなかなか解決できないというとき、実は組織構造・プロセスよりも、組織の中で働く人材がボトルネックになっているということも少なからずある。人材育成やタレントの採用については、第4章で検討する。

第4に、組織文化の要因に着目し、対応する。組織には、構造・プロセスに加えて、文化という側面があり、改革の阻害要因になることが多い。組織文化については、次の第3章で検討する。

ケースの解説

本ケースでは、全社的な組織の構造・プロセスの改革に対し、マネジャーがどう対応するべきかが問題になる。

8か月が経って組織改革がうまく行っていない状況で、板垣は、今後について考える前に、まず、全社的な経営改革が正しい判断だったのかどうかを確認する必要がある。

カンパニー制とボトムアップは、本文でも解説したように、大善石油を取り巻く経営環境の変化を受けた方向性として一般論的に正しいように見える。しかし、石油会社の事業特性に合致しているのか、という疑問がある。

つまり、石油会社の場合、原油の調達→精製（製品の製造）→販売、という一連のビジネスプロセスが密接に繋がっている。生産管理部から板垣の営業方針にクレームが来たように、販売だけを担う支店が〝カンパニー〟として自律的に活動することは考えにくい。

組織プロセスについても、石油会社のように規模の経済がモノを言う装置産業では、統一的にトップダウンで活動するのが効率的だ。一方、顧客サービスの強化や新事業・新規顧客の開拓など、支店の現場レベルではボトムアップが有効な場面は多い。したがって、トップダウンを基本にしつつボトムアップの良さを取り入れる取り組みが必要だろう。

つまり、大善石油にとってはカンパニー制も純粋なボトムアップも不適切だったと考えられる。

常識的には、始まったばかりの改革の方針転換を板垣が経営陣に要求するのは難しいだろう。したがって、機能別組織・トップダウンの基本を維持しながら、改革の趣旨を勘案し、支店として可能な範囲で業務内容・プロセスを改善していくことになる。

また、営業担当者のコメントを見ると、担当者の主体的な活動を可能にするための人材育成が不十分だし、組織の雰囲気も悪くなっているようだ。改革の実効性を高めるには、組織構造・プロセスを変えるだけでなく、人材育成や職場風土の改善の取り組みも必要と思われる。

検討課題

1. 自社の組織構造・組織プロセスの特徴を分析せよ。管理原則に基づき、事業を遂行するのに合理的に設計されているか。
2. 自社の組織は、事業の規模や発展段階に対応した組織構造か。
3. 組織のフラット化を進め、経営のスピードアップを実現できているか。また、ミドルとして、あなたは組織の中でどのような固有の役割を果たしているか。

4. 組織プロセスは、トップダウンの基本を維持しながら、ボトムアップのメリットを取り入れているか。

5. 事業のグローバル展開に対応した組織構造になっているか。

6. 近年、どのような組織改革が行われたか。経営環境や経営課題などに照らして適切だったか。

第3章 組織文化の形成と変革

企業には固有の組織文化がある。組織文化は事業活動を効率化させる反面、環境変化への対応を阻む。組織文化が経営戦略の実現を阻害しているなら、マネジャーは、組織文化の変革に取り組まねばならない。

case

研究所の新方針

神田泰敏は、大手重機メーカー、関東重工の中央技術研究所・第4研究室の室長である。

関東重工は、産業用機械、船舶、原動機など多角的に事業を展開している。中央技術研究所には、技術領域ごとに11の研究室があり、神田の第4研究室は、原動機事業部の事業に関連するボイラーなど燃焼技術の基礎・応用研究を担当している。

原動機ビジネスでは、1990年代まで関東重工を含む日本勢が優勢だったが、2000年以降は韓国企業、さらには中国・インドなど新興国企業が台頭し、日本勢は押され気味である。とくに、汎用品であるコンベンショナル・ボイラーの分野では、韓国・中国企業の低価格攻勢の前に、日本の各社は事業存続の危機に直面している。必然的に、日本勢は付加価値の高い製品領域に生き残りを賭けている。

関東重工の原動機事業部でも、高付加価値品の開発やアフターサービスなどに重点を置いており、中央技術研究所への要求水準は高まっている。こうした状況を受け、神田は今年春、以下のような研究室運営方針を打ち出した。

①基礎研究よりも、応用研究、さらには製品開発に重点を移し、〝売れる技術〟を育てる。
②原動機事業部の開発部門・営業部門との連携を深め、事業部の意見を研究・開発に反映させる。また、顧客との接点をつくり、顧客の意見を研究・開発に反映させる。
③研究室間・研究室内の交流、情報交換を増やし、業際研究を強化する。
④研究のスピードを上げ、製品開発までの期間を30％短縮する。また、開発コストを15％削減する。

この方針に沿って半年間活動したのだが、今のところ、目に見える成果は出ていない。というより、チームリーダーや担当者からは、神田の新方針に批判的な意見が目立つ。

「技術とニーズを統合して製品開発するのが開発の仕事だし、顧客の声をしっかり吸い上げるのが営業の仕事でしょ。われわれが営業や開発を助けるという意味が理解できない」
「担当分けによって専門性の高い研究ができているのだから、部門交流することのメリットが見出せない。具体的にどう行動すべきかもわからない」
「方針は理解できなくないが、とにかくやる気が出ない」

第4研究室のメンバー14人のうち、5名が修士、1名が博士で、研究が好きで当社に入社した者ばかりである。入社以来ほとんどの期間を本社・工場から遠く離れた中央技術研究所で働き、事業部との交流は少ない。専門ごとに研究テーマを深める仕事のやり方で、研究室内でも協力して仕事をすることはない。良い技術を生み出すことへのこだわりは強く、熱中したら上長が命令しなくても徹夜で仕事をする。反面、技術が製品にどう活用されているかとか、それが売れるかどうかには関心が薄い。

また、第4研究室のある社員が学会で優れた業績を上げ、早期退職して大学教授に転身した。メンバーの間では、関東重工の創業者や現社長、ましてや神田より、このOBが断然ヒーローのようだ。

◆組織文化の形成

組織には、第2章で検討した組織構造・プロセスというハードな側面とともに、組織文化というソフトな側面がある。

組織文化とは、その組織に特有な考え方や行動パターンのことを言う。人間一人一人に異なる性格があるのと同じように、どの企業にも特徴的な組織文化がある。また、大企業では、企業全体を覆う組織文化とは別に、部門ごとに異なるサブ・カルチャーがある場合が多い。

なお、組織文化と類似した用語にパラダイムや組織風土がある。パラダイム（paradigm）は、組織構成員に共有される価値規範を意味するが、実務的には、組織文化・組織風土と重大な違いはない。

組織文化は、事業活動を展開する過程で時間を掛けて形成される。最も多いのは、創業者の理念や行動を基に形成されるパターンである。

ホンダには、「やってみなはれ」という言葉に象徴されるように、高い目標を掲げて自由に挑戦する組織文化がある。このホンダの組織文化は、創業者本田宗一郎の精神・行動に端を発する。本田は若い頃、自分が製作した自動車「浜松号」の性能を確かめるためにサーキットに自ら参戦し、事故でリタイア、瀕死の重傷を負っている。また、ハーレイ・ダビッドソンが圧倒的なシェアを誇るアメリカのオートバイ市場に参入したり、過当競争を懸念する通産省の制止を振り切って自動車産業に参入したりした。こうした本田の行跡が神話となって今日のホンダに受け継がれ、組織文化として定着している。

ただし、創業者によって形づくられた組織文化がそのまま伝承されるとは限らない。一般に、企業が大規模化すると、官僚制による合法的支配が徹底され、組織文化は属人的な特徴を失いがちになる。また、カリスマ的なリーダーの出現、事業活動で起こる大きな成功・失敗、タイプの異なる人材の採用、M&A（合併・買収）などによって、新たな文化が形成されることもある。

◆組織文化の捉え方

組織構造・組織プロセスが組織図や規程類によって可視化されているのとは違って、組織文化というのは、何とも捉えがたい。

エドガー・シャインは、組織文化の基本的捉え方として3階層のモデルを提示している（図3－1）。

第1段階は、人工物である。これは会社の建物、技術、オフィスのレイアウト、衣服のマナー、社是・社訓のような文書、社史など、つくり出された視聴可能なものを指す。

この人工物から、解釈のために意味を抽出したものが、第2段階の価値である。原則、目標、基準など、組織として「どうあるべきか」を反映したものである。

そして、最も中核にあるのが、第3段階の基本的仮定である。第2段階の価値による行動を繰り返した結果、考えるまでもなく行動するようになると、価値は議論の余地のない前提になる。これが基本的仮定で、組織文化の中核を形成するものである。

図3-1◆組織文化の捉え方

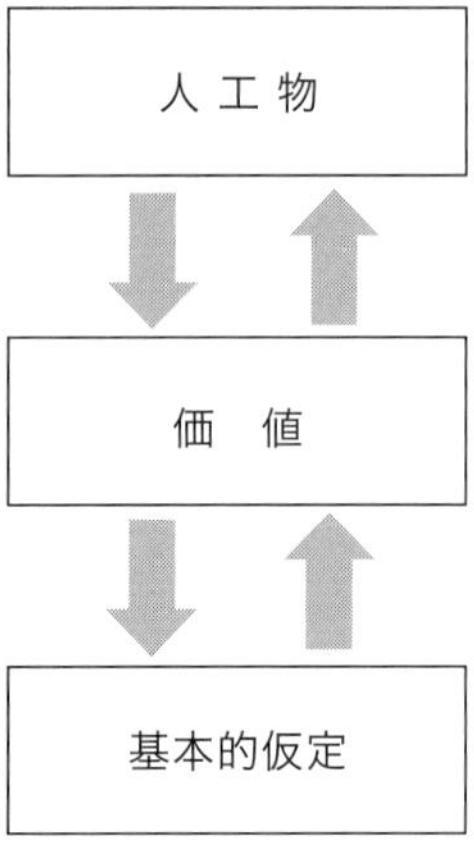

出所：シャイン『組織文化とリーダーシップ』を修正

また逆に、いったん形成された基本的仮定が価値を規定し、さらに価値が人工物を規定するという流れもある。

後ほど、組織文化の変革について考察するが、シャインのモデルに沿うなら、表層的な人工物を変えるだけではだめで、価値、さらには基本的仮定まで変えないと、組織文化は変わらない。不祥事を起こし「組織を一からつくり直す」と誓った企業が不祥事を繰り返しているように、変革が実に困難な作業であることは容易に想像できよう。

◆組織文化の類型

組織文化は企業によってまちまちである。過去、多くの研究者が「競争的か」「イノベーション志向が強いか」「安定志向か」「仕事志向か」「人間関係志向か」といった切り口で組織文化の分類に努めてきた。

図3-2◆ディール＝ケネディーの組織文化分類

リスクの大きさ ＼ 成果フィードバックの時間	短い	長い
大	マッチョ文化 （出版、広告代理店、映画）	会社を賭ける文化 （エネルギー関係、素材）
小	よく働きよく遊ぶ文化 (販売）	手続き文化 （電力、保険、銀行）

出所：ディール＝ケネディーのアイデアと榊原清則『経営学入門』を修正

その代表的なものとして、テレンス・ディールとアラン・ケネディーは、組織文化を次の4つに分類している。

逞しい、男っぽい文化（マッチョ文化）――常に高いリスクを負い、行動が正しかったか、間違っていたかについて速やかに結果が得られる個人主義者の世界。

よく働きよく遊ぶ文化――陽気さと活動が支配する文化で、従業員はほとんどリスクを負わず、結果はすぐ現れる。成功するために企業文化が社員に促すのは、比較的低リスクの活動を高レベルに維持することである。

会社を賭ける文化――大金の賭かった意思決定の文化で、しかも、これらの意思決定から成功の見通しが立つまでに数年かかる。高リスクで、結果がなかなか現れない環境である。

手続き文化——結果を知ることのほとんどない、あるいはまったくない世界で、職員は自分たちの作業を評価することができない。そのかわり、彼らは仕事の進め方に神経を集中する。これらの手続きにコントロールが利かなくなった時、私たちはこの文化を別名で呼ぶ、官僚主義と！

ディール＝ケネディー『シンボリック・マネジャー』

この4つの組織文化は、企業が取り巻く環境によって決まってくる。事業活動のリスクが大きいか、仕事の成果が判明するまでどれだけ時間を要するか、という2つの軸によって、図3－2のように整理できる。

◆組織文化を維持・増幅させる

組織文化は、企業やそこで働く従業員の活動によって形成されるが、逆に、企業の事業展開や成果、また従業員の行動や生活に大きな影響を与える。

明確な組織文化を持ち、それを従業員が共有することには、次のように多くのメリットがある。

第1に、組織全体が統一的な行動を取ることができる。一般に、組織文化はその企業の理念やビジョンと関連が深く、組織構成員に理念・ビジョンの実現に沿った行動を促す。

第2に、組織構成員はスピーディに的確な判断を下すことができる。組織文化は、たとえ明文化されていなくても、第5章で説明する集団規範として職場に定着している場合、組織構成員が判断に困ったときの判断基準として機能する。

第3に、コミュニケーション・コストが低下する。第1・第2の点とも関係するが、組織構成員が同じ考え方を共有しているので、背景・理由などをいちいち丁寧に説明しなくても、自分の考えが早く正確に相手に伝わる。

第4に、組織のアイデンティティが確立され、従業員や顧客のロイヤリティが高まる。組織文化は従業員にとって心理的な拠り所となり、顧客など外部利害関係者には良いメッセージを与える。

このように、組織文化のメリットは実に大きい。だからこそマネジャーは、自社の組織文化や自部門のサブ・カルチャーを認識し、それを維持・増幅するよう部下に働きかける必要がある。具体的には、組織文化を体現する神話や事例を部下に伝達・共有する。とくにその組織での勤務経験が短い若手や転入者の場合、一度聞いたくらいでは納得できないことも多いだろうから、繰り返し伝えると良い。公式の会議や訓示などよりも、インフォーマルな場の方が効果的である。

また、部下が組織文化に逸脱する言動を取った場合、迅速に対処する。頭ごなしに諌めるのではなく、なぜそういう行動を取ったのか、一緒に考えるようにすると良い。後でも触れるように、組織文化の方が硬直的・時代遅れになっていて、逸脱した言動の中に改革のきっかけがあったりするからだ。

◆組織文化と過剰適応

一方、組織文化には、デメリットもある。皆が同じ方向に向いている組織は多様性を欠き、イノベーションが起こりにくい。また、環境変化への適応能力を失うという問題もある。企業が特定の組織文化に慣れ切ってしまうと、組織および構成員は環境変化への適応能力を失い、最終的に大きな環境変化に呑みこまれてしまう。

戸部良一らは、『失敗の本質』で日本軍の戦争を題材に組織文化（パラダイム）と適応能力の関係を研究した。陸軍は日露戦争の旅順攻略で白兵突撃戦法を、海軍は同じく日露戦争の日本海海戦で艦隊決戦を採用した。当時はそれらしか選択の余地がなかったのだが、いったんそれで勝利を収めると、白兵突撃と大鑑巨砲主義が陸海軍の正しい戦い方とされ、それに沿った軍備増強・管理・教育が行われ、組織のパラダイムになる。その正しい戦い方で中国など戦力に劣る相手に勝つと、パラダイムはさらに強化されるが、やがてパラダイムを否定するイノベーションが組織の外で出現する。すなわち陸では戦車、海では空母が生み出された。しかし、日本軍は環境変化に学ぶことを拒み、太平洋戦争での敗戦に至るまで既存のパラダイムにこだわり続けた。

同書は、進化論の「適応は適応能力を締め出す」(Adaptation precludes adaptability.)という言葉を紹介している。いったん強固なパラダイムが形成されると、パラダイムに過剰に適応してしまう。パラダイムに沿ったものの見方に終始し、適応能力を失い、環境変化に対応できなくなる。

現代でも、多民族国家で多様な人材で構成されているアメリカの企業と比べると、日本では強力なパラダイムを形成している企業が多い。それが日本企業の発展の原動力になってきた反面、経営不振に陥る企業では、時代遅れの硬直的なパラダイムがよく問題になる。

１９９０年代後半以降、総会屋事件、食品偽装問題、自動車リコール問題などコンプライアンス(法令順守)が社会的に注目を集めている。こうしたコンプライアンス違反を起こす企業では、ほぼ例がなく、社会・顧客・消費者を軽視した内向きの組織文化・パラダイムの問題点が指摘されている。

◆企業変革の中心は組織文化の改革

組織文化が自社の目指す戦略や外部環境と不適合を起こしている場合、あるいはコンプライアンス違反の背景になっている場合、経営者・マネジャーは、思い切って変革に取り組む必要がある。

「企業を変える」というと、われわれは新しい経営戦略を立案したり、第２章で紹介した組織構造を再編成したりすることを想定しがちだ。それらももちろん重要だが、組織文化の変革も欠かせない。

ルイス・ガースナーは、倒産の危機にあったＩＢＭに乗り込んで、経営改革を断行した。ガースナーは、自身がＩＢＭで取り組んだ改革を振り返った『巨象も踊る』の中で、組織文化について「ＩＢＭでの約10年間に、わたしは企業文化が経営の１つの側面などではないことを理解するようになった。１つの側面ではなく、経営そのものなのだ」と述べている。

ＩＢＭには、創業者トーマス・ワトソンの「完全性の追求」「最善の顧客サービス」「個人の尊重」という３つの基本信条があった。しかし、１８６４年のシステム３６０のヒットによって業界で独占的な地位を確立すると、やがてこれらの理念は大きく変質していった。ガースナーが経営改革に取り組み始めた１９９３年当時、完全性の追求は形式的な手続き・様式へのこだわりに、最善の顧客サービスはＩＢＭ製品への過信に、個人の尊重は独善的な特権意識に変貌していた。

ガースナーは、ライバルと競争に勝つことや顧客に奉仕することを目標に掲げ、こうした内向きの組織文化の改革に正面から取り組んだ。そして、２００２年に退任するまでの10年足らずでＩＢＭを蘇生させた。

日本企業は、バブル崩壊後の20年間「血の流れる大リストラに取り組んだ」とよく言われる。

たしかに、日本企業は、１９７０年代までの高度成長や80年代後半のバブルを通して膨れ上がった人・資産・負債の〝3つの過剰〟を解消することには取り組んだ。しかし、時代遅れの事業モデルや内向きの組織文化を温存したまま無駄を省く作業をしただけで、事業モデルやパラダイムを抜本的に変革する真のリストラクチャリング（restructuring）に成功した例は少ないのではないだろうか。

◆組織変革のプロセス

では、組織文化をどのように変革するべきか。

ジョン・コッターは、変革の8段階のプロセスを提示している。コッター『ジョン・コッターの企業変革ノート』から要約して引用する。

第1段階　危機意識を高める

大規模な変革に成功した人びととはまず、関係者の間に「危機意識」を生み出している。創造的な手段で危機意識を喚起すれば、関係者がソファから跳び上がり、安全地帯から飛び出して、動き出す用意をする。

第2段階　変革推進チームをつくる

危機意識が高まったら、変革の旗手を集め、変革の主導に必要な信頼、スキル、人脈、評判、権限を備えた変革チームをつくる。変革チームは、互いに信頼し、熱意を持って結束して行動する。タスクフォースを創るだけでは、変革を生み出すだけの力にならない。

第3段階　適切なビジョンを掲げる

変革に成功した事例では、変革推進チームが、賢明で簡明で心躍るビジョンや戦略を策定している。変革がそれほど順調に進まなかった事例では、詳細な計画や予算だけを策定している。これらも必要だが、それだけでは十分ではない。世界市場の動向や自社の状況にそぐわないビジョンを策定している場合もある。

第4段階　ビジョンを周知徹底する

次にビジョンや戦略を周知徹底する。シンプルで琴線にふれるメッセージをいくつものチャネルを通して伝える。その目的は、成果を出すのに十分な数の人たちの理解を促し、やる気を引き出し、エネルギーを解放することにある。ここでは言葉よりも行動が重要になる。

第5段階　自発的な行動を促す

自発的に行動する人が増える。ビジョンに基づく行動を妨げていた大きな障害が取り除かれる。変革リーダーが特に重視するのは、部下のやる気をくじく上司の情報の不足、情報システムの不備、各人の心のなかにある自信というカベ、といった障害である。重要なのは、権限を与えることではなく、障害を取り除くことである。

第6段階　短期的な成果を実現する

自主性を持った人びとがビジョンに基づいて動くようになると、短期的な成果が生まれる。変革プロセスに成果は欠かせないものである。成果が上がれば、変革は信頼され、資源が与えられ、勢いがつく。早い段階で成果が上がらなければ、皮肉屋や懐疑的な者によって変革はつぶされる。

第7段階　気を緩めない

変革リーダーはさらなる変革を推し進める。最初の成果が上がると、変革に勢いがつく。当初の変革が定着する。次にどんな問題を克服するかを賢明に選択し、変革の波を次々と起こしてビジョンを実現する。無意識に気を緩めると変革の勢いは衰え、絶望的なほどの深みにはまる。

第8段階　変革を根づかせる

変革に成功した事例では、各階層の変革リーダーが、新しい文化を育てることによって変革を根づかせている。新しい文化とは、ある集団で共有される行動規範や価値観であり、成果を生み出す行動が十分な期間続くことによって育まれる。ここでは適切な昇進人事を行ったり、新規採用者向けオリエンテーションを工夫したり、心を動かすイベントを行ったりすることによって違いが生まれる。

◆変革プロセスへのマネジャーの働きかけ

部門・職場の責任者として、マネジャーは変革プロセスにどのように働きかけて行くべきだろうか。

マネジャーは変革プロセス全般に関与するが、とくに要求されるのは、組織構成員に現実を直視させ、組織に危機感を持たせることだ。コッターによると、8段階の中でとりわけ難しいのが①の変革への意識（sense of urgency）を高める局面で、変革に取り組んだ企業の約50％以上が第1段階で失敗すると分析している。

既存の組織文化にどっぷり浸かった組織構成員は、偏ったものの見方で組織文化に適合する都合の良い情報だけを見て、都合の悪い情報を捨象する。そのため客観的にはかなり危険な経営状態でも、危機意識を持っていない。

そこでマネジャーは、メンバーに現実を直視させるために、以下のような対応を取る。

- 自社の経営状態が悪化していることを財務諸表の数値、格付け、取引銀行の評価などによって客観的に伝える。

- 自社に対して批判的な顧客・アナリストの声を聞かせるなど、自社が顧客の支持や競争優位性を失っていることを伝える。
- 改革を怠って破たんした他社事例など、将来の自社の姿を想起させる情報を伝える。

富士通が保守・サポート部門を分社化して生まれた富士通サポート＆サービス（現・富士通エフサス）は、富士通に依存する事業構造と受動的な組織文化を変えるために、管理職をＩＴ先進国のアメリカに派遣した。ビジョンを語るよりも、まずＩＴビジネスの潮流や自社の状況といった現実を直視することが大切だと考えたのである。

ただし、危機感を持たせるだけでは、変革は進まない。最初は好調に改革が進んでも、時間の経過とともに、当初の危機感や改革への意欲は徐々に薄れていく。とくに、初期段階で改革の成果が見えると、気が緩んで、慣れ親しんだ元のやり方に戻ってしまうことが多い。

マネジャーは従業員の改革に向けた取り組みの状況を確認し、改革の方向性・意図を逸脱する行動があったら、矯正していく。「神は細部に宿る」と言われるように、「このくらいの小さなことなら…」と見逃すと、やがてそれが大きな反動になってしまう。マネジャーは変革が組織に定着するまでは、些細なことでも見逃さないようにしたい。

◆ダイバーシティ・マネジメントへの注目

組織文化に関する最近の課題として、ダイバーシティ・マネジメントについて検討する。

ダイバーシティ（diversity）とは多様性を意味し、企業経営におけるダイバーシティ・マネジメントとは、組織における多様性を価値創造の源泉にするための取り組みを意味する。

エドワード・ホールが提起した「ハイコンテキスト文化か、ローコンテキスト文化か」という区分で言うと、日本の組織は典型的なハイコンテキスト（high context）文化である。コンテキストとは、コミュニケーションの基盤である言語・共通の知識・体験・価値観・ロジック・嗜好性などを意味し、ハイコンテキスト文化では、それらが高度に共有されている。戦後の日本企業は、日本人の男性正社員を中心にした同質性の高いメンバーでハイコンテキスト文化を築き、以心伝心のコミュニケーションや言語化しにくい知識である暗黙知を発達させてきた。

その一方、女性・非正規社員・外国人などは、組織の中核から外され、補助的な役割しか与えられなかった。日本企業は、日本人の男性正社員以外の意見・発想を排除した結果、著しく多様性に欠ける組織文化になった。

ハイコンテキスト文化には、コミュニケーションに手間を掛けなくても意思統一を図りやすいなどのメリットがある。一方、経営環境の変化に柔軟に対応したり、知識を融合させてイノベーションを起こしたりという点では劣っている。組織の多様性を確保し、こうした硬直的なハイコンテキスト文化の問題点を克服するのがダイバーシティ・マネジメントである。

ダイバーシティ・マネジメントは、アメリカで、１９６０年代の公民権運動と関連し、黒人・女性などマイノリティに就業機会を与えることを企業に要求する社会運動への対応として発展してきた。日本では、国際的に見て女性の労働参加率が低いことから、１９８６年に男女雇用機会均等法が施行され、企業には女性雇用の促進が求められるようになった。その後も日本企業では女性の活躍はなかなか進んでいないが、近年、優秀な女性が結婚・出産を機に退職するのを引き留めることが課題になり、２００５年頃からダイバーシティ・マネジメントという用語が聞かれるようになった。

◆戦略要因としてのダイバーシティ

経営に余裕のない中小・零細企業はもちろん、大手企業でも、女性活躍策や障害者雇用が進んでいない。障害者については、現在、従業員全体の２・３％以上の雇用が義務付けられているが（一般の民間企業。特殊法人や国・地方公共団体は2・6％以上）、これを達成している企業の割合は48・３％にとどまる（厚生労働省「令和4年障害者雇用状況の集計結果」）。

また、非正規労働者や外国人については、１９９０年代後半以降、低コストの労働力として活用が進んだが、２００８年のリーマンショック以降、手の平を返すように「派遣切り」「外国人労働者切り」が行われたように、今なお男性正社員中心の組織を補完する限定的な役割しか与えられていない。

日本では、ダイバーシティ・マネジメントの先進事例とされる大手企業においても、社会的・法的な責務として義務的に対応しているだけ、という場合が圧倒的に多い。伝統的な日本人男性正社員中心の組織文化を変革する積極的な意義を見出し、実際に成果を上げている企業は、化粧品会社のようにもともと女性が事業内容的に重要な企業を除くと、ほとんど存在しないのが現状である。

スイスの食品会社ネスレでは、経営幹部の半数近くを女性が占め、大多数がスイス以外の国籍であるなど、人材が多様化しており、組織の活力の源泉になっている。世界の優良企業には人材が多様化した企業が多く、人材の多様性が高い企業ほど、業績が高いという調査結果が数多く報告されている（優良企業は色々な人材を雇用できるだけの余裕があるだけで、多様性と企業の業績に明確な因果関係はないという見解もある）。

世界の優良企業の事例を参考にすると、日本企業のダイバーシティ・マネジメントは、今後、次のような3段階で進化するものと思われる。

①人事部門を中心に、女性活躍や障害者雇用といった法的に要請される課題に応えていく。

②①に加えて、経営者と人事部門を中心に、非正規労働者の雇用や退職者の再雇用など、社

会的に要請される課題に応えていく。

③経営者・人事部門・マネジャーが一体となって、外国人の雇用などを含め、企業の競争優位の源泉として多様性を高めていく。

現状の日本では、大企業は①への取り組みを強化し、②に移っていく段階、中堅・中小企業は①にこれから取り組んでいく段階にあると思われる。今後、早期に③に移行することが期待される。

企業は、経営環境の変化に柔軟かつ機動的に対応する必要がある。日本人の男性正社員が中心の伝統的な組織よりも、多様性の高い組織の方が変化への対応能力がはるかに高いはずだ。また、「既存の経営資源の新しい結合」というイノベーションの本質からすると、色々な知識・情報が行き交う多様性の高い組織の方が、イノベーション創造能力が高いだろう。

ダイバーシティ・マネジメントは、法律や社会の要請によって仕方なく取り組む経営の阻害要因ではなく、日本企業がグローバル競争を戦うための戦略要因として主体的に取り組むべき課題なのである。

◆M&Aと組織文化の融合

この章の最後に、M＆A（合併・買収）に伴う組織文化の融合について考えよう。

M＆A後進国と言われ、１９９０年代まで実施件数が年間１０００件に満たなかった日本でも、２０００年以降M＆Aが急増し、近年は年間４０００件を超える水準で推移している。その背景には、多くの業界で構造変化が起き、業界再編を迫られていることがある。従来日本企業では自前主義が濃厚だったが、その限界が明らかになり、M＆Aによって積極的に外部の資源を活用するようになった。

また、M＆Aとして新聞報道されないまでも、１９９０年代後半のリストラ・ブームによって、自社内・グループ内で事業部門などを統廃合する組織再編は、日常茶飯事になっている。

このようにM＆Aや組織再編がブームになっているが、各種の調査研究によると、M＆Aによって企業価値を高めることの成功確率は決して高くない。その原因として、M＆A実施後の統合（Post-Merger Integration：PMIと呼ばれる）において組織文化の融合がうまく進まない点がよく指摘される。１９９８年の金融不安以降、金融業界では生き残りを賭けたM＆Aが繰り返されているが、みずほフィナンシャルグループや三井住友銀行などメガバンクでは、10年以上も組織文化の融合が進まず、混乱・低迷が続く要因となった。

M＆Aをする2社は、基本的な戦略や事業内容だけでなく、意思決定の進め方から、会議の席順、使用する言葉、あいさつの仕方に至るまで、何かにつけ異なる。ＰＭＩでそういった違いを統合していくのだが、Ｍ＆Ａ実施までまったく別の組織だったのがある日を境に一緒になるのだから、この作業はなかなか容易ではない。とくに組織文化は、組織構造や諸制度と違って目に見えないので、事前に問題点がわかりにくく、軽視されがちで、ＰＭＩの段階で初めてその難しさが認識されることになる。

こうしたＰＭＩの負担を避けるため、買収後も持ち株会社の傘下で被買収会社をそのまま維持し、融合を進めないのが一種の流行になっている。しかし、それでは、弊害もない代わりに、Ｍ＆Ａによる価値創出も限定的なものになってしまう。やはり、経営者・マネジャーは、困難を承知で本格的な融合に取り組むべきであろう。

◆ＰＭＩとマネジャーの役割

ＰＭＩは、経営者や経営企画部門が中心になって進めるが、組織文化を融合するうえで現場のマネジャーが果たすべき役割は大きい。

組織文化の統合に成功した企業は、次のような点に留意している。

- 相手よりも、市場や競合を見る。

合併後の初期段階では、どうしても合併した相手との違いが目につき、どちらに合わせるべきなのかが気になる。しかし、相手との違いよりも、市場や競合といった外部に目を向けて、どのような組織文化が顧客にとって、戦略上の優位性のために有効なのかを考えるべきである。場合によっては、どちらかに合わせるのではなく、まったく新しいものをつくり上げることも考慮する。

●全体の統一性を保つ。

A社とB社という2社が合併した場合、当然、お互いに良いところ、悪いところが異なる。ここで日本では、いわゆる〝たすき掛け人事〟に象徴されるように、対等合併の精神を重視し、「報告書の書き方はA社方式で、会議の進め方はB社方式で」という統合の進め方をしがちだ。しかし、一見合理的なこの進め方は、あまりうまく行かない。なぜなら、この進め方は時間と手間がかかるうえ、無関係に見える施策・制度も根底では繋っており、全体的な統一性を損なうことになるからだ。多少の良い悪いは無視して、全体的な統一性を保つことを重視する方が、結果的に融合が進みやすい。

●スピード感を持つ。

組織文化の融合それ自体は、内部事情により必要となる作業であって、顧客価値の向上など直接的にビジネスを改革するものではない。くれぐれも、内部作業に集中している間に事業の競争力を失うことがないようにしたいものである。一般に組織文化の形成は長期間掛けて進むが、合併後の融合ではできるだけコストと時間を掛けず、期限を設定するなど意識的にスピードアップすると良い。

ケースの解説

本ケースでは、経営環境の変化を受けたマネジャーのマネジメント行動とそれに対立する組織文化の問題を扱っている。

製品の高付加価値化など事業の競争力強化が求められる状況で、神田が打ち出した方針は至極妥当なものであろう。問題は、神田が方針を出すだけでなく、成果実現のために方針に沿った具体策を示し、メンバーに十分に働きかけたかどうか、という点だ。

メンバーの発言やケースの最後の記述から、第4研究室の組織風土やメンバーの関心・行動は、神田の新方針とは相いれないようである。第4研究室の組織文化は、「趣味としての仕事」「タコ壺」「個人プレイ」「唯我独尊」などと特徴づけられる。テレンス＝ディールの4つの組織文化には当てはまらず、敢えて言えば「オタクの文化」とでも表現できようか。

この状況で、神田が号令をかけるだけでは、組織は変わらないだろう。神田がこの半年間メンバーにどういう働きかけをしたのかは不明だが、「具体的にどう行動すべきかもわからない」「とにかくやる気が出ない」というメンバーの発言を見る限り、十分な活動ができていなかったことは間違いない。

神田は、本章で解説した組織変革のプロセスによって、「オタクの文化」を転換することが期待される。とくに、今までの文化・仕事の進め方では将来がないということをメンバーに理解させ、危機感を持たせる必要がある。また、第6章で解説するモチベーションに配慮することも重要だ。

検討課題

1. 自社・自部門の組織文化には、どのような特徴があるだろうか。同業他社と比較して分析せよ。また、組織文化がどのように形成されたのかを確認せよ。
2. 自社・自部門の組織文化は、経営環境や自社の目指すビジョン・戦略と適合しているだろうか。
3. 自社・自部門の組織文化を変えるために、どのような取り組みが行われているか、取り組み内容は適切か。今後どのような取り組みを行うべきか。
4. 自社・自部門は多様性が確保され、イノベーションを創出する土壌になっているか。
5. M&Aや大掛かりな組織再編のあと、速やかに組織文化の統合が行われたかどうか

——を確認せよ。

第4章 人事制度の設計と運用

▼▼▼経営戦略を実現するために必要な人材ポートフォリオを形成し、活用する。人材ポートフォリオの形成には、採用・異動・退職などのフローマネジメントや人材育成がある。マネジャーは、人事制度を理解し、評価などを的確に運用する必要がある。

case 異動者をどう決めるか？

中原俊夫は、中部銀行で審査部長をしている。中部銀行は、東海地方を地盤とする中堅地方銀行である。審査部は、本店・支店から申請される融資案件について、取引先の信用状況などを勘案し融資の可否を審査している。

中部銀行では、近年の融資需要の低迷に対応するため、リレーションシップ・バンキング推進チーム（通称リレバン・チーム）を編成することにした。リレーションシップ・バンキングとは、取引先と緊密な関係を構築し、経営相談に乗るなどして取引を拡大することである。中部銀行でも以前からリレバンに取り組んでいるが、経営改革の柱として大々的に展開するため、今回リレバン・チームを編成することになった。

先週、人事部長から中原に対し、「審査部13名から1名をリレバン・チームに異動させたいので、優秀な人材を候補者に推薦して欲しい」という依頼が来た。1名を異動させた後の補充はなし（1名減員）とのことである。

中原は、即座に要請を拒否した。「たしかに、このところ融資案件は減っていますが、融資先の信用状況が不安な案件が増え、業務が煩雑化しています。以前より多忙で、余剰人員はいません。審査部が暇だと思われているなら非常に心外です」。しかし、人事部長は厳しい口調で「これは要請ではなく、経営トップからの命令です」と言い放った。

やむなく、中原は部下の中から人選することにした。人事部長が言うとおり優秀な人材を出すなら、平井か一色である。ただ、審査部の戦力を維持するために、評価の低い荻原か竹内を出したいという気もする。

● 平井（38歳）…人事評価でダントツのエース。審査部の経験が長く、業務知識は豊富で仕事は手堅い。やや融通が利かない面があり、営業部門からは煙たがられている。
● 一色（34歳）…人事評価では部内2番。仕事は能率的で、審査業務プロセスの改善にも成果を上げているが、経営陣や部長の方針に批判的で、やや評価を下げている。

- 荻原（41歳）…昨年支店から審査部に異動してきた。人事評価は下から2番目。仕事の覚えや他部門とのコミュニケーションが悪く、能率はもっとも低い。
- 竹内（29歳）…部内唯一の女性で、2年前に結婚し、昨年出産した。人事評価は最下位。能力は高いが育児休暇が多く、残業を嫌がるなど、戦力として計算しにくい。

なお、中部銀行の賃金制度は、長年、職能資格給を基本にしているが、8年前にボーナスの査定に成果主義を導入し、ボーナスの7割を成果主義の評価が占める。ここで言う人事評価とは、職能資格の評価とボーナスの査定の両方のことを意味している。

中原は、今週中にも人事部に返答しなければならない。どうするべきか。

◆SHRMでの人材ポートフォリオの形成と活用

この章では、人材を管理する制度的な仕組み、つまり採用・育成・評価・報酬といったテーマについて考える。従来の人事・労務管理で中心テーマだったことがらであるが、本書では、人材ポートフォリオの形成と活用というＳＨＲＭの考え方に従って、主要な論点とそこでのマネジャーの役割を整理することにする。

われわれは日常的に「わが社の給与制度は滅茶苦茶だ」「評価がデタラメでやってられないよ」といった批判・不満を口にする。人事制度は何かと批判の対象になりやすいようだ。ただ、何が滅茶苦茶か、どうデタラメか、と改めて問われると、案外答えに窮する。

無茶苦茶・デタラメの中身はケースバイケースだが、一般従業員の視点では、「新しい給与制度でボーナスが減った」「とんでもない上司が自分の評価者になってしまった」といった本人の処遇に関連した不満が多いだろう。しかし、マネジャーがまず問題にしなければならないのは、人事制度が経営戦略の遂行・実現にどれだけ貢献しているか、という点だ。

第1章で紹介したとおり、戦略的人的資源管理（ＳＨＲＭ）では、まず企業として目指す理念やビジョンがあり、それを達成するために経営戦略・経営計画を策定する。そして人材は、それを実現するための経営資源と位置付けられる。したがって、すべての人事制度の良し悪しは、経営戦略の遂行に貢献しているかどうかによって論じられるべきである。

マネジャーは、現場の批判・不満に真摯に耳を傾ける必要があるが、それよりもまず経営戦略の実現に貢献しているかどうか、という観点から、現状の人事制度を確認するべきである。そして、問題があるなら、主体的に改善に取り組む必要がある。

もちろん、ほとんど日本企業では、人事制度を所管するのは人事部門であり、マネジャーがあれこれ問題点を感じても、改善を考えても、思うに任せない。しかし、制度そのものは変えられなくても、運用面で是正できる部分はある。次に検討する人材ポートフォリオの目標形成のように、制度以外で現業部門が主体性を発揮する余地は大きい。

また、人事制度の考え方を知ってマネジメント活動に取り組むのと、知らずに漫然としているのでは、日常のマネジメント活動に実に大きな違いが生まれる。

◆人材ポートフォリオの目標形成

人的資源管理の領域でまずマネジャーに期待されるのは、自部門の人材ポートフォリオの目標を形成することである。

ポートフォリオとは、もともとは「板挟み」「折りかばん」を、さらに金融用語として金融資産の組み合わせを意味する。人材についても、事業活動に必要なさまざまなタイプの人材を組み合わせて保有・活用しようということである。

人材ポートフォリオと似た概念として、人材像という用語が使われる場合がある。人材像とは、組織に必要な人材の特徴・要件を意味し、「わが社が社員に望む人材像は、創造性に富み、環境変化に主体的に働きけることができる人材である」といった使い方をする。

しかし、さまざまな職種・働き方の人材で多様な事業を展開する現代企業において、必要な人材のあり方を人材像という一括りで定義するのは困難である。「わが社の研究開発職の人材像は…」といった特定の層を対象にして使うことは有効だが、会社全体や大きな部門に関して

図4-1 ◆ 人材ポートフォリオの目標

	2023年	増減	2028年
部門長	M1	0	M1
企画総務部	M2	▲1	M1
（事業企画）	M1, S3	1	M1, S4
（総務・人事）	M1, S4, C3	▲4	M1, S2, C1
（経理・予算）	M1, S5, C6	▲4	M1, S3, C4
（IT）	M1, S3, C1	6	M1, S5, C5
業務部	M1	0	M1
（業務管理）	M1, S7, C7	▲4	M1, S5, C5
（調達）	M1, S11, C3	▲5	M1, S7, C2
（営業サポート）	M1, S8, C7	▲6	M1, S4, C5
（与信管理）	M1, S5, C3	▲3	M1, S4, C1
（ソリューション開発）	—	10	M1, S4, C5
営業部	M2	▲1	M1
（1グループ）	M1, S8, C6	▲4	M1, S6, C4
（2グループ）	M1, S7, C4	▲4	M1, S4, C3
（3グループ）	M1, S9, C5	▲6	M1, S5, C3
（4グループ）	M1, S6, C3	▲3	M1, S4, C2
（Web営業）	—	8	M1, S4, C3
合計	142（M18, S76, C48）	▲20	122（M18, S61, C43）

＊M：マネジャー、S：スタッフ、C：契約社員
出所：著者作成

は、人材像の集合体である人材ポートフォリオのあり方を考えるべきである。

人材ポートフォリオの中身は、事業内容、経営戦略、組織規模などによって大きく異なるが、必要な人材を職種・専門分野・技能水準・雇用形態といった切り口で分類する。図4－1は、機械メーカーの営業部門の組織図をベースにした人材ポートフォリオの目標である。この営業部門では、DXで事業管理や営業活動を合理化する一方、社会ソリューション事業を創造することを目指している。

マネジャーは、まず、現状の人材ポートフォリオを確認し、自社・自部門の経営戦略を勘案して今後の人材ポートフォリオを構想する。たとえば、コスト競争力の強化するためにパート・期間工など短期的な雇用を増やす、グローバル化を推進するために語学力・マネジメント力のある人材を採用・育成する、という具合だ。

通常、経営戦略の実現や人材育成には長い期間を要するので、「今後」とは、向こう1～2年の短期でなく、5年後、10年後という長期で考える必要がある。

人材ポートフォリオの目標ができたら、必要な人材ポートフォリオを形成する。その方法は、大きくフローマネジメントと人材育成の2つである。フローマネジメントは、必要な人材を組織に参加させ、不要な人材を組織から排除することで、採用・契約というインフロー、配置転換・異動というインナーフロー、退職・解雇というアウトフローの3つに分かれる（15ページの図1－1を参照）。

これらのマネジメントについて、以下、マネジャーの業務に関係が深いこと、人事部門が管理するもののマネジャーとして知っておくべきことを中心に確認しよう。

◆インフローへの関与

インフローとは、社員・パートタイマーの採用や外部の専門家との契約である。

日本企業では、採用の実務は人事部門が一括して行う場合が多いが、人員計画そのものは各部門のマネジャーが作成する。マネジャーは、長期の人材ポートフォリオに従って各年度の要員を計画化し、人事部門に採用・契約を要望する。

日本企業の採用は、戦後長く新卒の定期採用が主体であった。高度成長で事業が拡張し、人手不足が恒常化する中、大量の労働力を確保するには、定期採用が有効であった。

日本企業は、企業内の教育によって人材育成することを重視しているので、定期採用では、専門的な職業スキルよりも、ビジネスパーソンとしての基本能力、人間性、体力など素材の良さを重視する傾向が顕著である。「学生時代に税理士の資格を取ったから、入社後は経理部門で働きたい」というような応募者は、「使い勝手が悪い」ということで、むしろ敬遠される。

しかし、低成長時代に入ると、労働者の量的なニーズは充足され、質が問題になった。近年の経営課題の複雑化・高度化に従って、高度な専門能力(タレント：talent)を持った即戦力の中途採用社員のニーズが高まっている。

ジョブ型雇用と言われるとおり、中途採用において、マネジャーは、新卒採用の場合よりもさらに具体的な人材要件を人事部門に提示する必要がある。「とにかく優秀なヤツを頼むよ」といった漠然とした要望でなく、どういうスキル・経験を持つ人材が欲しいのかを明示する。採用活動についても、人事部門任せにせず、応募者との面接など各部門のマネジャーが積極的に関与すると良い。

なお、アメリカなど諸外国では、自分の後継者となりうる優秀な人材を社外から引き入れることが、経営者・上級マネジャーの重要な役割であり、そのために幅広い社外ネットワークを持つことが、経営者・上級マネジャーに欠かせない条件になっている。日本では、「採用は人事の仕事」という意識がまだまだ根強いが、経営者については外部からの起用が増えているように、今後は諸外国のやり方に近づいて行くと推測される。

◆人材育成の三本柱

フローマネジメントと並んで人材ポートフォリオを形成する方法が人材育成である。採用・契約した人材が十分な能力を備えているとは限らないので、また、よりハイレベルな貢献をしてもらうには、人材育成が必要になる。

ＳＨＲＭにおいて、人材育成はとりわけ重要な意味を持つ。ゲーリー・ベッカーの人的資本理論によると、人材が持つ能力は、どの企業においても有用な一般能力とその企業でしか必要とされない企業特殊能力に分類できる。このうち、ＰＣの操作や語学のような一般能力はオペレーションを遂行するうえで必要ではあるが、戦略上、他社との差別性の源泉となるのは企業特殊能力の方である。

たとえば、トヨタのモノづくりの競争力の源泉としてカンバン方式などトヨタ式生産システムがある。カンバン方式の理屈を知るだけなら、学校で2時間講義を聞けば十分だが、それを実際に現場で効率的に動かして成果を上げるには、「後工程はお客様」に代表されるモノづくりの基本的な思想まで含めて広く深く知る必要がある。そのためには、社内での教育訓練が欠かせない。

一般能力を持つ人材は、採用・契約によって労働市場から比較的容易に調達できる。しかし、企業特殊能力は採用・契約した人材に対して企業内で人材育成を施すしかない。これがＳＨＲＭにおいてインフローと同等、あるいはそれ以上に人材育成が重要とされる理由だ。

労働市場の機能を活用することが多いアメリカにおいても、ＧＥのように人材育成に注力して成功している企業が増えている。日本企業は、伝統的に採用よりも人材育成を重視し、企業特殊能力の育成を進めてきたが、競争優位の源泉になっているかどうかは、企業によって格差が大きいようだ。

人材育成には、ＯＪＴ、Ｏｆｆ－ＪＴ、自己啓発という3つの方法があり、よく「人材育成の三本柱」とも言われる。この3つでは、現場のマネジャーが果たす役割が非常に大きい。以下、内容とマネジャーの役割について見てみよう。

◆ＯＪＴ

ＯＪＴ（On-the-job Training）は「職場内訓練」と訳され、現場で実際に仕事を進めながら、上司や先輩が必要な知識やスキルを計画的・体系的に部下に教え、身に付けさせるものである。企業特殊能力を育成するうえでＯＪＴは重要であり、日本企業、とくに製造業ではＯＪＴが人材育成の中核になっている。

マネジャーは、先輩社員をＯＪＴ担当者に指定し、ＯＪＴを実践させる。ＯＪＴ担当者は、職場の状況や部下の適性・希望を把握し、長期的なキャリアも勘案してＯＪＴ計画をつくり、理解度・習熟度を確認しながら段階的に育成していく。マネジャーにとっては、技能だけでなく人間的にも優れた先輩社員をＯＪＴ担当者に指定すること、ＯＪＴ担当者任せにせず、状況報告を受けることなどが重要である。

多くの企業では、ＯＪＴと通常の業務の違いが明確になっていない状況を見受ける。新入社員や他部門から異動で転入してきた社員を現場にいきなり放り込み、見よう見まねで業務を担当させる状態をＯＪＴと勘違いしていることが多い。計画的・体系的でない単なる見習いは、ＯＪＴではない。

◆Ｏｆｆ－ＪＴ

Ｏｆｆ－ＪＴ（Off-the-job Training）は「職場外研修」と呼ばれ、職場を離れて社内の担当部署が考案したメニューや外部の研修機関が作成したプログラムを受講し、必要な知識やスキルの習得を図るものである。

日本企業でＯｆｆ－ＪＴあるいは研修と言うと、現場での技能教育や新入社員教育や管理職昇格者研修といった必須参加の階層別教育を思い浮かべることが多いだろう。しかし、本来Ｏｆｆ－ＪＴは、日常業務に必要な技能の習得を主目的とするＯＪＴではカバーしきれない高度な育成ニーズに対応できるところに意義がある。マネジャーは、新しい高度な課題に対応するとき、従業員が将来異なる立場で活躍するために必要なスキルを身に付けて欲しいときなど、Ｏｆｆ－ＪＴを有効活用すると良いだろう。

マネジャーは、ＯＪＴには強い責任感を持つが、Ｏｆｆ－ＪＴは人事部門任せで無責任になりがちだ。ＯＪＴや自己啓発と違い、Ｏｆｆ－ＪＴでは参加する部下の業務時間が減るので、「研修なんか行っている暇があったら、さっさと仕事を終わらせろ」と日常業務を優先することになりがちである。目先の業務を処理することとＯｆｆ－ＪＴで部下が長期的に成長することのどちらが大切か、マネジャーの意識の高さが問われる。

Ｏｆｆ－ＪＴでは、職場から離れて、日常業務からやや離れた内容を学ぶ。これは、日常業務では得られない新たな知識・視点を得たり、日常業務を相対化・抽象化したりするのに役立つ。ＯＪＴが短期的な日常業務の周辺の事がらを学ぶのに適しているのに対し、Ｏｆｆ－ＪＴは中長期的な日常業務よりもワンランク上のことを学ぶのに有効だ。

Ｏｆｆ－ＪＴは、現場のニーズと遊離し、ただ実施しただけということになりがちである。

ＯｆｆーＪＴをやりっ放しで終わらせないためには、マネジャーは、中長期的な視点から部下の学習ニーズを見極めるとともに、研修を受講した部下が学習内容を職場で活用・実践するよう要求することが重要だ。

◆自己啓発の支援

自己啓発は、従業員自らの意思によって能力開発、スキル習得を図る取り組みのことである。会社は、通信教育・社外セミナーの受講や資格試験の受験といった自己啓発にかかる費用を補助するなどの方法で、従業員の自己啓発を支援することが多い。

日本企業では、ＯＪＴやＯｆｆーＪＴが人材育成の主役で、自己啓発はわき役というのが一般的だ。しかし、36ページで紹介した組織のフラット化によるミドル・中堅社員の減少できめ細かくＯＪＴを実践するのが難しくなっていること、コスト削減によってＯｆｆーＪＴ予算が削減されていることから、最近は相対的に自己啓発への期待が高まっている。また、若手従業員の間では、「能力向上は本人の自己責任」という考え方が浸透しつつあり、会社丸抱えのＯＪＴよりも自己啓発を選好する土壌が広がりつつある。政府も自己啓発によるリスキリング（社会人の学び直し）を政策的に後押ししている。

このように期待・注目度が増す自己啓発だが、自己啓発支援で満足な成果を上げている企業は少ないようだ。自己啓発は、どうしても従業員任せになりやすく、組織としての学習機運が盛り上がりにくい、成果を測定しにくい、といった問題点がある。

マネジャーは、部下の自主性に任せるのではなく、自己啓発に積極的に関与するべきである。部下に自身のキャリアプランを描かせて計画的に学習させる、社外セミナーなど学習機会を知らせる、学習したことを職場で活用させる、といった対応が求められる。

◆マネジャーの人材育成への取り組み

マネジャーは、次のような視点からＯＪＴ、Ｏｆｆ－ＪＴ、自己啓発に主体的に取り組むべきである。

●経営戦略との関連を意識する。

階層別教育に代表されるように、企業の中には過去から当たり前のように実施されている人材育成制度がある。組織として必ず実施するべき育成制度はあるが、過去からの惰性や「他社もやっているから」といった理由で漫然と実施しているものが多いのではないだろうか。マネジャーは、つねに経営戦略との関連から人材ポートフォリオの形成を意識して人材育成制度を活用するべきである。

図4-2◆3つのスキル

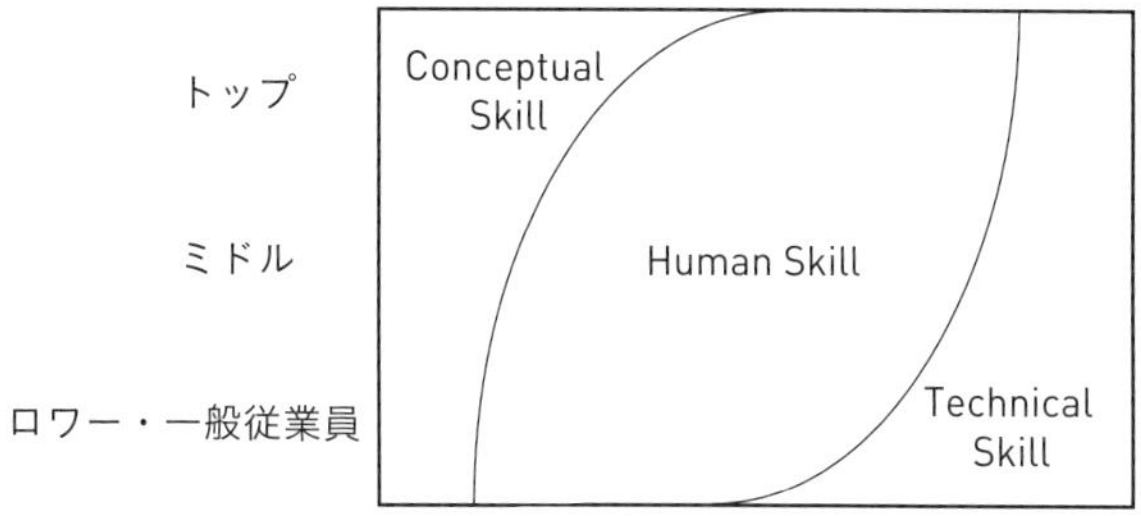

出所：カッツのアイデアを元に著者作成

●従業員個人のキャリアと関連づける。

ＳＨＲＭでは、経営戦略の実行という会社側の視点で人材育成を考えるのが基本になるが、従業員から見た側面も重要である。マネジャーは、個々の従業員のキャリアの開発に貢献する育成を行う。

キャリア開発については次節で考えるが、大原則は従業員の長期的なキャリアの発展段階に応じて育成施策を講じることだ。その際、ロバート・カッツが提示したコンセプチュアル・スキル、ヒューマン・スキル、テクニカル・スキルという3分類は有効である。

✓コンセプチュアル・スキル（Conceptual Skill）（概念化能力）…知識や情報を有機的に組み合わせ、複雑な事象を概念化することにより、物事の本質を把握する能力

✓ヒューマン・スキル（Human Skill）（対人能力）…職務を遂行していくうえで関係者との良好な対人関係を築く能力

✓テクニカル・スキル（Technical Skill）（職務遂行能力）…担

当する職務を遂行するうえで必要となる専門的な能力

カッツによると、図４－２のように各階層で必要なスキルは異なるという。マネジャーは、部下の成長段階をしっかり見極め、必要なスキルを育成できるよう育成を行う。なお、最近は組織のフラット化によって、ミドルもプレイングマネジャー化し、テクニカル・スキルの比重が高まっていると言われる。

●三本柱のベストミックスを考える。

人材育成の三本柱に関して一般的な日本企業では、人事部がＯｆｆ－ＪＴを、各部門のマネジャーがＯＪＴを担うという役割分担が行われている。Ｏｆｆ－ＪＴでは人事部が一括して実施する方が規模の経済が働くし、ＯＪＴでは現場の実態を勘案して実施することが重要だ。こうした役割分担で運営の効率も育成の効果も高まる。

しかし、マネジャーは、こうした既成概念に捉われず、三本柱のベストミックスを考慮する必要がある。マネジャーは個々の従業員に対し、キャリア段階に応じた必要スキルを明らかにさせ、それを習得するためのベストの組み合わせを実現するよう学習計画づくりと実行を支援する。

●部下の学習プロセスに関与する。

マネジャーは、人材育成計画の策定には積極的に関与するが、個人の学習計画をつくる場面にはあまり関与せず、その後の学習プロセスはまったく部下任せ、という場合が多い。最終的には、マネジャーが関与しなくても部下が主体的に学ぶ状態が理想だが、そうなるまでは、学習プロセスに積極的に関与するべきだろう。

たとえば、職場の問題点について部下と話し合ったり、社外セミナーなど学習機会を知らせたりするなど、部下を学習に向けて動機づけする。また、雑談などインフォーマルな場で学習内容に関連した質問をして学習状況を確認する、学習したことを職場で活用させる、といったことも有効である。

●能動的な学びの風土をつくる。

マネジャーにとって、人材育成の三本柱を中心に人材育成の制度・仕組みを整備することは大切だが、形をつくることだけに終始してはならない。イギリスのことわざで「馬を水辺に連れて行くことはできても、水を飲ませることはできない」と言われるように、従業員が本人の意思で能動的に学ぶのと受動的にいやいや学ぶのでは、同じ内容の学習をしても、効果はまったく異なる。マネジャーは、従業員が自身のキャリア開発を考え、自分なりにテーマを持って能動的に学ぶよう、職場の風土づくりをすることが期待される。

具体的には、現在の能力よりもハイレベルな役割・業務を与えて学びを促す、学習に基づいてハイレベルな仕事をした従業員を適切に評価する、マネジャーが率先垂範で自ら学習する、といった行動が期待される。

◆キャリア開発の支援

人材育成は、従業員の側から見ると、キャリア開発という側面を持つ。前節で見たとおり、マネジャーは従業員のキャリア開発という視点を意識して人材育成に取り組むべきである。

終身雇用の時代には、会社が従業員のキャリアを生涯にわたって私生活まで含めて面倒を見る形であった。ところが近年の雇用の流動化や労働者の価値観の変化を受け、個人が自らのキャリアに責任を持つことが迫られている。また、企業にとっても、キャリアに無関心で会社にべったり依存する従業員よりも、主体的にキャリアを開発する自立した従業員の方が会社への貢献が大きいということが知られるようになっている。

キャリア開発とは、労働者が主体的に自身のキャリアを考え、スキルと知識を習得し、仕事を通じて成長していくことである。エドガー・シャインは、労働者が自らのキャリアを選択する際に、最も大切な（どうしても犠牲にしたくない）価値観や欲求のことをキャリア・アンカーと呼んだ。労働者が自身のキャリア・アンカーを確認し、それに沿って主体的にキャリアと能力を開発するのが、キャリア開発のポイントである。

従業員の主体的なキャリア開発を促すよう、ＣＤＰ（キャリア・ディベロプメント・プログラム）

図4-3◆CDP（IT企業の例）

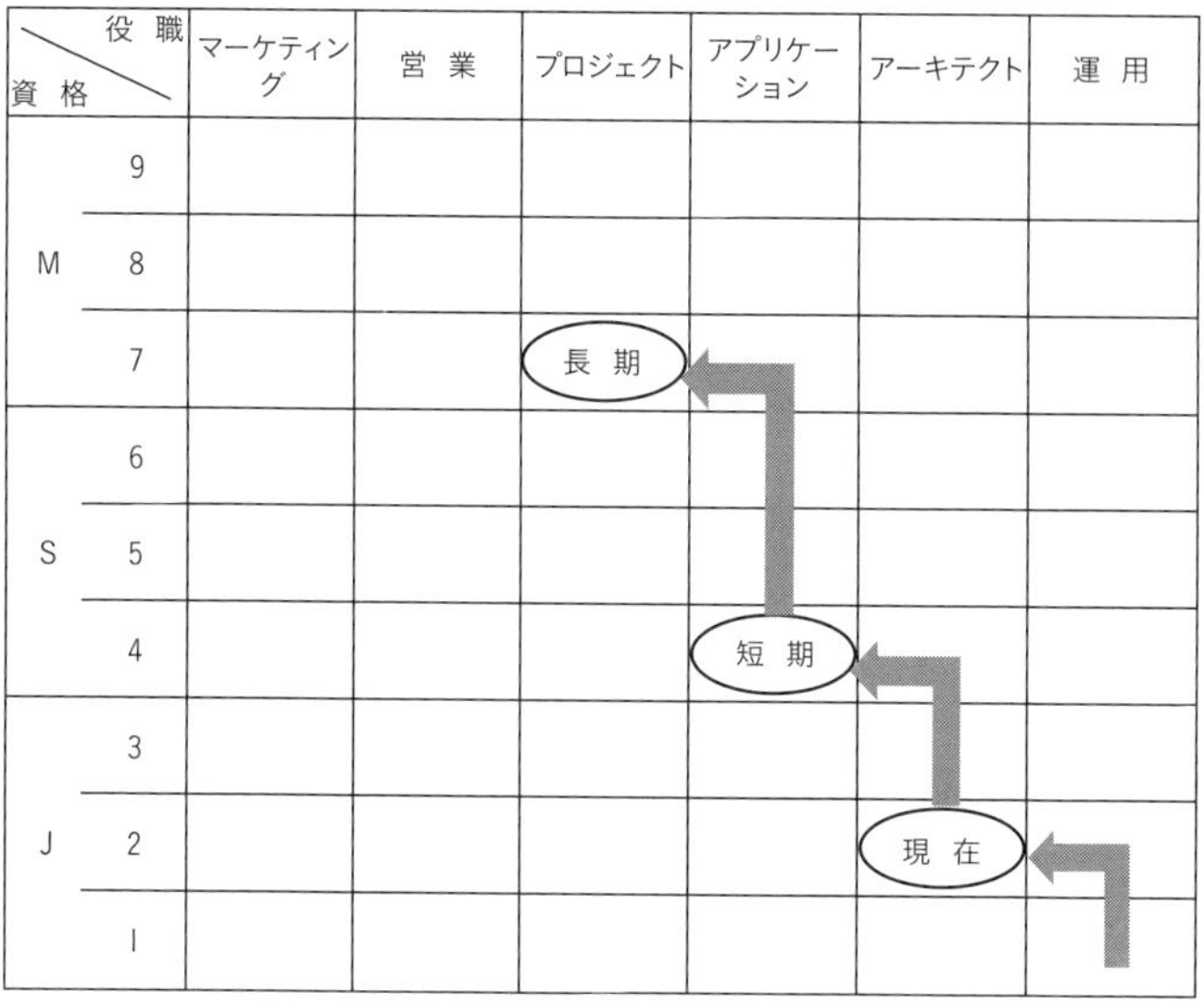

出所：著者作成

を導入する企業が増えている。CDPとは、従業員本人の職務についての希望と企業の人材に対するニーズをすり合わせて、そこに到達できるように能力開発や異動を長期的、計画的に行なうものである（図4－3）。

通常、CDPでは本人の自己申告やマネジャー・人事部との面接を行い、個人の到達目標を設定する。営業・事業企画・研究開発といった職務区分と部長・課長・係長といった役職・資格等級の2つについての目標を定め、それをどのように経るかというキャリアパスを設定する。このキャリアパスに基づき、必要な教育、出向、異動などを実施し、一定期間たったら次のステップへ移ることを検討する。もちろん、本人の能力やキャリアへの希望は経験・学習などによって変わっていくので、一度目標設定したら終わりではなく、毎年面談を行って見直していく。

このように、CDPによって、従業員のキャリアに対する希望と会社側の人材ニーズが両立するのである。

◆キャリアを鷹揚に考える

従業員は自己責任で主体的にキャリア開発を進めるべき、という以上の原則はそのとおりだろう。ただし、若手の従業員にもそのまま当てはまるかどうかについては一考の余地がある。

つまり、20代の若手従業員の場合、ビジネスパーソンとしての将来が長いため、今後の経験や学習による能力の伸び・変化が大きく、不確性が高い。また、所属企業の全体像を十分に把握しておらず、どこに自分の活躍の舞台があるのかわかっていないのが普通である。このように自分自身についても所属企業についても手探りの状況にある若手従業員がキャリアを描くのは、きわめて困難な作業だと言わねばならない。

厳しい就職活動を経験し、転職や成果主義が当たり前の状況で働く今日の若手従業員は、終身雇用・年功序列が優勢だった頃の若手と比べ、自身のキャリアに対する意識が高い。それは結構なことだが、不確実性が高い中で無理やりキャリア計画を立てようとすると、どうしても本人にとって身近な事がら、短期的に将来像が掴みやすい事がらに検討の範囲が限定されてしまう危険性がある。「私は大学で法律を学び、入社後2年間法務部で契約審査の業務を担当してきた。この過去の経験と自分の強みを生かし、今後は法務のスペシャリストとして活躍したい」という具合だ。

近年、若い世代でスペシャリスト志向が強まっていると言われる。これは１９９０年代後半以降のリストラで専門性のない中高年ジェネラリストが標的になる一方、スペシャリストが生き残ったという事実によるところが大きいが、キャリア意識の高まりそれ自体が、身近にイメージしやすいスペシャリストの人気を高め、イメージしにくい組織のリーダーの人気を低下させているという側面もあるだろう。

スペシャリストの価値やＣＤＰの役割を否定するわけではないが、若手は知らないことだらけだし、将来に幅広い可能性があるのだから、もっと鷹揚にかまえてキャリアを考えるべきではないだろうか。キャリア計画にあたっては、将来のさまざまな可能性を受け入れる余地を残しておくことが望ましい。

こうした背景からキャリア理論の中で注目を集めているのが、ジョン・クランボルツの計画的偶発性理論(Planned Happenstance Theory)である。これは、職業生活の中で偶然に学んだこと、経験したことを自身のキャリア形成に取り込んで行こうという考え方である。ここで計画的(Planned)というのは、より多くの良い偶然と出会うように積極的に行動することを意味する。

偶発的な経験を活かすには、好奇心・持続性・柔軟性・楽観性・冒険心が必要だという。

考古学者のシュリーマンのように、少年時代からの夢を追い続けて実現した偉人もいるが、成功したビジネスパーソンの多くは、学習や仕事を通じて経験によって自分を成長させ、それに応じて目標を修正・変更しているのではないだろうか。マネジャーは「現実離れした夢など持っても仕方ない」と決めつけたり、キャリアの無限の広がりを若いうちから押さえつけてしまうことのないようにしたいものである。

マネジャーは、キャリア面談などにおいて、あまりに身近な視点からキャリア計画を策定している部下に対し、計画的偶発性理論の考え方を伝え、将来の可能性を広げるよう働きかけると良いだろう。また、日常の部下とのコミュニケーションでも、会社の実情や先輩社員の活躍などを伝え、キャリアについての視野を広げるよう促すことを期待したい。

◆インナーフローによる組織の効率化と能力開発

企業の経営状態は刻々と変化し、必要な人材の質・量が変わってくる。また、従業員の能力・意欲や職務・キャリアへの希望は一定ではなく、経験・経年などによって変化する。能力・適性・希望に見合った新しい職務を与えることは、企業にとって業務の効率が高まるだけでなく、従業員の成長やモチベーションに大きな影響を与える。そこで、マネジャーや人事部門は、従業員を1つの職務・役職に留めるのではなく、インナーフローを行う必要が出てくる。

インナーフロー（あるいはインターフローとも言う）は、社内の昇格・降格、配置転換・異動などの方法によって、従業員にそれまでと異なる職務を与えることである。

このうち、昇格・降格は、従業員が組織で働くうえで最大の関心事であろう。職能資格給を採用している多くの日本企業では、「係長→課長→部長」などと役職を序列化する職位制度とともに、「主事→主査→参事」などと役職に関係なく従業員の能力評価する資格制度（資格等級制度）があり、二本立てになっていることが特徴である。一般に、職位制度で職位が上がることを昇進、資格制度で資格が上がることを昇格と用語を使い分けている。

日本企業では、諸外国と比べて異動が頻繁である。とくに大企業は、一定期間で従業員を異動させる定期人事異動（定期異動）を実施していることが多い。また、部門間の異動の他に、職場内での配置の異動であるローテーションも頻繁に行われる。これは、日本企業が企業特殊能力を社内で育成することを重視するので、異動によって適性発見や経験・能力の幅を広げようとしているためだ。

インナーフローの原則は、いわゆる適材適所である。従業員それぞれが能力的に比較優位（簡単に言うと、得意不得意のうち得意なこと）があるので、それぞれに比較優位を持つ職務を与えることによって、最も効率的な人材ポートフォリオができる。

したがって、マネジャーにまず要求されるのは、個々の従業員が持つ能力をしっかり把握・

図4-4◆職務拡大と職務充実

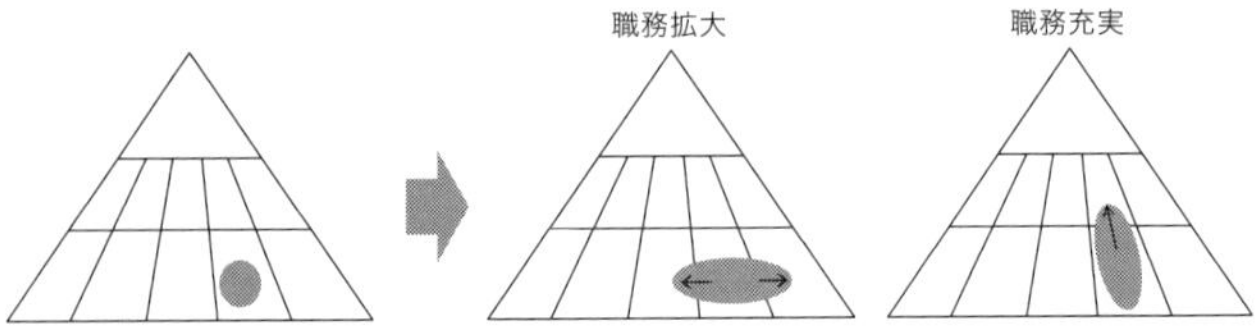

出所：著者作成

評価し、それを序列化することである。ポイントは、個々に評価するだけでは不十分で、比較優位を知るためにそれを序列化する必要があるということだ。

ただし、比較優位があるからといって特定の職務をずっと続けていると、従業員のその職務についての専門性は高まるが、能力の幅が広がらない。また、マンネリによって、モチベーションも低下するかもしれない。何十年も同じ職務を担当するのではなく、数年おきに配置転換・異動を実施する必要があろう。

また、インナーフローとは少し異なるが、図4－4のように現在の職務を続けながら職務を水平的に拡大する職務拡大、垂直的に拡大する職務充実も有効な方法である。

マネジャーは、短期的な効率のための適材適所と中長期的な効率のための人材育成やモチベーションという両方の視点から、インナーフローを考える必要があるのだ。

図4-5◆PPMの発想のインナーフロー

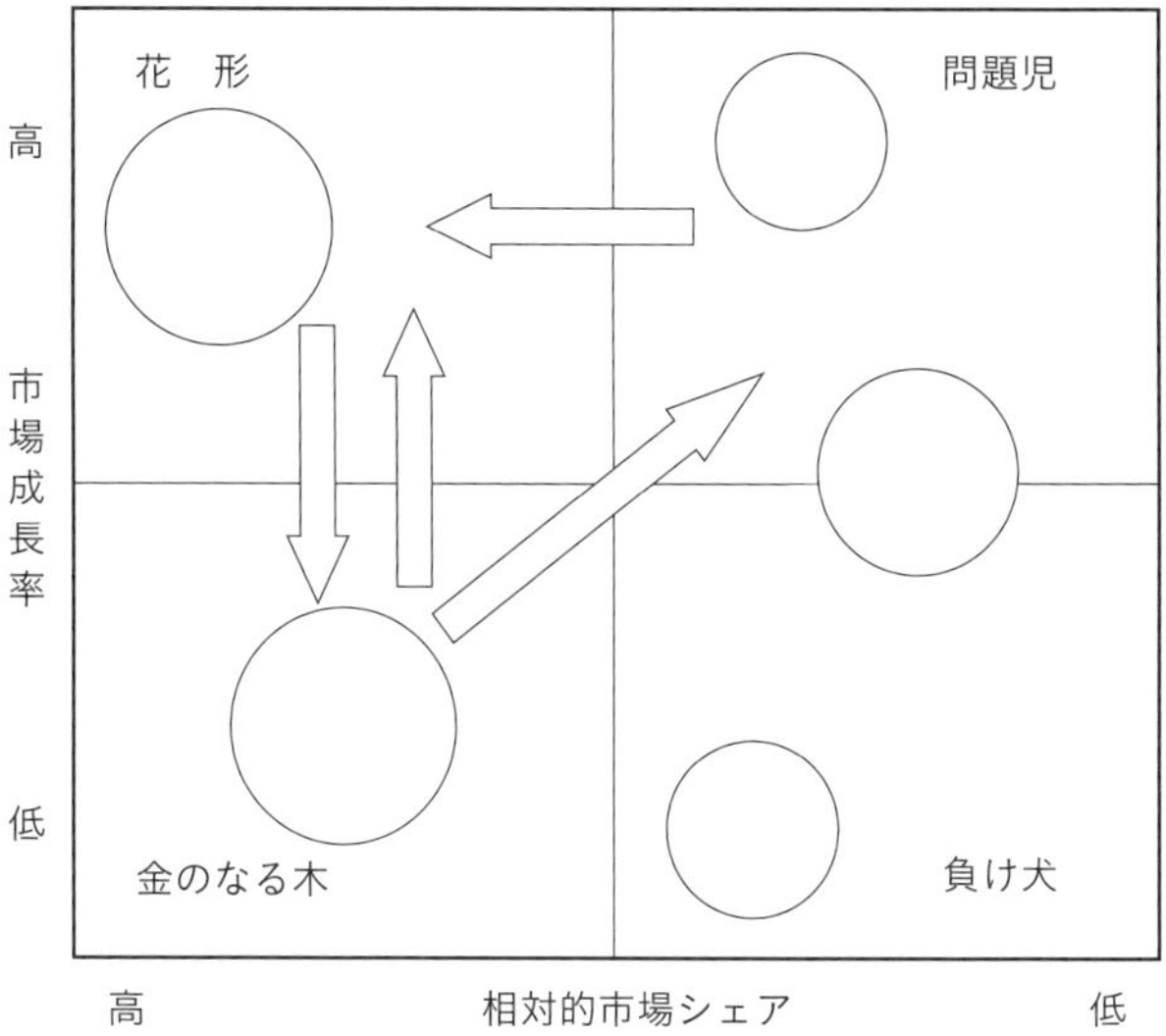

出所：BCG社のアイデアを元に著者作成

◆PPMの発想によるインナーフロー

もう1つ、インナーフローでマネジャーにとって大切なのは、PPMの発想を持つことだ。

PPM(Product Portfolio Management：製品ポートフォリオ)は、ボストンコンサルティング・グループ(BCG)社が開発した事業管理手法である。社内の各事業単位を所属する市場の成長率とシェアという2つの軸によって、金のなる木・花形・問題児・負け犬という4つに分類することができる(図4－5)。

事業のライフサイクルの順に言うと、まず新規事業は高成長市場を狙うので問題児として始まり、うまく軌道に乗ると成長事業として花形になり、やがて市場の成長率が低下すると成熟事業の金のなる木になり、最後は競争力を失うと衰退事業の負け犬となる。

成熟事業である金のなる木は、大きな追加投資が必要ないので最も大きなキャッシュフローを生み出すことができる。この余剰資金を金のなる木の内部で使うのではなく、新規事業（問題児）の創出や成長事業（花形）の拡張投資に振り向けることによって、企業全体がより成長する。このように、事業をポートフォリオとして企業全体で管理していこうというのが、ＰＰＭの発想である。

ＰＰＭは経営戦略の手法で、主に資金の配分を問題にしているが、人材マネジメントにおいても重要である。

成熟事業である金のなる木は、需要の低迷や業務の効率化などによって、資金だけでなく人材も過剰になる。本来、少ない人員で済むなら、他の事業に人材を供給するべきだが、成熟事業のマネジャーはなかなかそういう判断をせず、必要以上の人材を自部門に囲い込もうとする。なぜなら、マネジャーにとって、事業で確実に成果を実現するには優秀な人材が欲しいし、人員数を含めた事業規模でマネジャーの社内での〝格〟が決まってくる部分が大きいからだ。

成熟事業で人員が余剰になる一方、新規事業や不採算事業では逆に人員不足が起こる。保守本流の成熟事業は社内での発言権が強いので、人員過剰の状態が許容される一方、実績がなく社内での立場が弱い新規事業・傍流事業では必要な人員の確保がままならないのだ。こうして、社内で深刻な人材の偏在が生じる。

常識的に見て、長年慣れ親しんだ成熟事業を維持するのと新規事業を立ち上げたり、不採算事業を立て直したりするのでは、難易度は段違いだ。よほどの一流大企業でも成果を実現できる優れた人材は限られるから、エース級の人材ほど困難な新規事業・不採算事業に敢えて配置するべきである。

人材を自部門に囲い込んで外に出さないマネジャーが最も悪い。自部門で評価の低い人材をいやいや出すのが次に好ましくない。優れた人材から優先的に外に出すのが最も好ましいマネジャーだ。三菱商事が、成熟事業である食品部門から将来社長候補と言われた新浪剛史を買収したローソンに送り込んだように、発展する企業ではＰＰＭの発想で人材を有効活用している。

まずは経営者がそういうインナーフローの方針を明確にするべきだが、成熟事業部門のマネジャーはＰＰＭの発想の有無が長期的な企業の発展を左右することを理解し、進んで人材を出すことを期待したい。

◆機能停止の日本企業のアウトフロー

アウトフローとは、退職・解雇・契約解除といった方法によって、不要な人材を組織から放出する活動である。とくに問題になるのは、企業の中核をなす正社員の退職・解雇である。

日本企業には一般に定年制があるので、正社員が60歳・65歳といった定年に達すると、自動的にアウトフローが行われる。したがって、加齢に伴う能力低下によって企業から見て事業活動に不要と判断される人材をいつまでも抱え込んでしまうリスクは小さい。

逆に、終身雇用制と言われるように、いったん正社員として採用すると、業績不良など不要な人材だとわかっても、簡単に解雇することはできない。事業の縮小などに伴って行う整理解雇（人員整理）については、判例によって確立された次の4つの要件を厳格に満たす必要がある。

〔整理解雇の4要件〕

①人員整理の経営上の必要性。赤字であるなど経営が苦しいというだけでは不十分で、事業の存続の危機にあること。

②整理解雇回避努力義務の実行。配転、出向、希望退職の募集などの措置が行われていること。

③合理的な整理解雇基準の設定とその公正な適用。妥当性がある基準によって対象者の選抜が行われていること。

④労使間での協議義務の実行。解雇の規模、時期、方法など、従業員の納得を得る努力をしていること。

日本企業では、とくに要件①②から整理解雇によるアウトフローの実行が極めて困難な状況である。後ほど触れる年功序列による高齢社員の賃金負担の増加を定年制といういわば「一律解雇」によって抑え込んでいるということになる。

この日本の仕組みは、従業員にとっては、安定的な職と収入を確保できる良さがある。企業にとっては、人件費負担の増大をコントロールできるほか、労働者を解雇すべきかどうか個別に判断・調整する手間が省け、効率的だというメリットがある。

反面、企業にとっては、ＳＨＲＭに基づく主体的なフローマネジメントがしにくく、経営環境の変化に柔軟に対応できないという問題点がある。たとえば、グローバル化に対応できない能力が低い従業員を解雇しようとしても、能力が低いというだけでは解雇できない。企業が負担できる人件費には限りがあるので、グローバル化に対応できる能力が高い社員を新たに採用することが制約されてしまう。

総体的に日本企業では、ＳＨＲＭでのアウトフローに関し、深刻な機能不全に陥っていると言えよう。

◆高齢者雇用安定法への対応

高齢化に伴う年金財政の悪化を受けて、厚生年金の支給開始年齢が段階的に65歳まで引き上げられている（男性は2025年から、女性は2030年からすべて65歳開始）。また、将来さらに引き上げられる可能性が高い。

現在主流の60歳定年だと、年金支給開始まで無収入の期間が発生してしまう。そこで国は2006年（平成16年）に高齢者雇用安定法を改定し、企業に次の3つのいずれかによって65歳まで雇用するよう義務付けた。

①65歳までの定年引き上げ
②定年制の廃止
③65歳までの継続雇用制度（再雇用制度・勤務延長制度）の導入

さらに2021年（令和3年）に法改正が行われ、65歳までの雇用義務に加えて、次の方法で70歳まで雇用する努力義務が課された。

①70歳までの定年引き上げ
②定年制の廃止
③70歳までの継続雇用制度（再雇用制度・勤務延長制度）の導入
④70歳まで継続的に業務委託契約を締結する制度の導入

⑤70歳まで継続的に社会貢献事業に従事できる制度の導入

多くの企業が選択したのは、③定年後再雇用の導入である。60歳定年制を維持し、いったん60歳を迎えた従業員の雇用契約を解除し、退職金を支払った上で、継続勤務を希望し、会社が認める者を再雇用する形である。この方法によって、企業は60歳定年を維持しながら、何とか法的な要請に応えている（なお２０２１年４月から70歳まで雇用を維持する努力義務が企業に課されている）。

◆定年後再雇用と高齢者活用

定年後再雇用には、２つ大きな問題がある。

１つは、職場の活気が失われがちなことだ。高齢者の雇用が増えるので、新卒採用や若手の中途採用を絞ることになり、組織の新陳代謝が進みにくくなる。また、年功序列を維持している多くの企業では、再雇用による人件費負担の増加を避けるため、再雇用者に現役時代の５割程度の賃金水準を設定する場合が多い。同じように働くのに60歳を境に賃金が半減するのだから、再雇用で働く従業員のモチベーションがダウンするのは必至である。

もう１つは、能力の高い技術者の国外流出である。まだまだ能力・意欲が衰えていない60歳代にとって、再雇用の低賃金、あるいは補助的な役割は耐えがたい。こうした日本の60歳代、とくに技術者を海外企業がスカウトする動きが広がっている。２０００年以降、韓国・中国で造船・電機・自動車などの産業が躍進した原因として、日本から引き抜いた高齢技術者の貢献が指摘される。せっかく育てた技術者が自社に貢献しないだけでなく、ライバルに手を貸すという皮肉な状況である。

１つ目の問題の解決は、マネジャーの職場管理に期待する部分が大きい。マネジャーは、高齢社員が持つノウハウ・経験を活かし、後進の育成・指導、技能の伝承を担ってもらうなどの適切な役割を与えるべきだ。彼らの能力・経験とプライドを尊重することが、本人のモチベーションアップと組織の活性化につながる。

２つ目の問題は、経営者・人事部門が対処するべきことがらである。「再雇用者の賃金は一律現役時代の4割減」などとするのではなく、能力や成果に応じて柔軟に処遇することが必要だろう。日産自動車は、２０１２年にシニア・イノベーション・リサーチャー（ＳＩＲ）という制度を導入した。燃料電池やロボット技術の開発などの基礎研究に従事するシニア従業員を公募し、3年間で一定の成果を上げれば高額の報酬を支払う仕組みである。

◆早期希望退職

日本では、アウトフローは、経営者および人事部門の専権事項であり、マネジャーが直接的に制度を運用したり、制度に働きかけたりすることはできない。ただし、近年広がっている早期希望退職については、マネジャーの役割が大きい。

１９９０年代後半以降、経営悪化を受けて早期希望退職の募集を行う企業が増えている。諸外国では、経営悪化の際、レイオフ（一時帰休）や解雇を行うことが多い。しかし、レイオフや解雇が制限されている日本では、正社員の残業削減、非正規社員の解雇、新規採用の削減といった一時的な対応が尽きると、正社員から依願退職を募る。

早期希望退職のやり方は各社各様だが、一般的なのは、45歳以上とか年齢層、あるいは事業部門・事業所によって対象を限定して募集し、応募者には割増退職金の加算などのインセンティブを与え、応募者が会社の想定よりも少ない場合には退職勧奨を行う、というものだ。早期希望退職の制度・施策の設計・導入や組合対策は人事部門が担当するが、退職勧奨などの実務はマネジャーが担う。

企業から見て早期希望退職が失敗するのは、次の4つのパターンである。

①応募者が目標数に達しない
②応募して欲しいノンコア人材が残留する一方、コア人材が応募・退職し、戦力ダウン
③退職勧奨に伴うトラブル
④残った従業員のモチベーションが低下、職場風土が悪化

このうち①と②は、早期希望退職の制度設計や会社の経営状態の問題であり、経営陣や人事部門が、対象設定の見直しや再募集など必要に応じて対処することになる。それに対し③と④では、マネジャーが果たすべき役割が大きい。

退職勧奨は、本来、職務への姿勢や業績に著しい問題がある従業員に対して退職を勧めるものであるが、早期希望退職でもよく実施される。ただし、公正かつ合理的な基準がなく特定の従業員を狙い撃ちする場合や執拗に働きかける場合などは、民法７０９条が禁じる退職強要に当たり、損害賠償の対象になる。訴訟などトラブルに発展しないよう、マネジャーは厳格に法令を順守する必要がある。

退職勧奨では、どうしても特定の従業員を辞めさせようという会社側の論理が前面に出やすい。しかし、退職をスムーズに行うためにも、残った従業員の人心を安定させるためにも、退職勧奨を受ける従業員に対する配慮が必要だ。マネジャーは、対象となる従業員に再就職を斡旋したり、退職後の生活設計の相談に乗るなど、従業員の立場に立った対応を採ることが期待される。

一方、残された従業員のモチベーション（あるいは、集団としての士気であるモラール）の維持も、マネジャーに課せられた大きな課題である。早期希望退職を行う企業は、もともと経営状態が悪化し、組織風土が荒んでいる場合が多い。そこへさらに職場の仲間を排除しようとするのだから、従業員のモチベーションが下がり、一層の生産性の低下を招くなど、悪循環に陥りかねない。

会社の状態が悪い中、従業員を前向きな姿勢に転換することは容易でない。マネジャーにとって秘策はないが、従業員に厳しい現実を直視し、危機的な状況をわがこととして認識してもらう努力は欠かせない。残された従業員は、結局のところ会社が存続していること、自分が退職勧奨の対象にならなかったことなどから、危機的状況をわがこととして認識しているとは限らないからである。

マネジャーは、会社の状況を従業員に伝え、一致団結して改革に向けて行動する必要がある。このとき、業績の改善や顧客満足の向上といった短期的な成果に注目して組織のムードを変えることも有効だ。

◆リテンションの取り組み

アウトフローとは逆に、事業活動に必要な人材を組織内に保持することも重要だ。人材を保持するための施策のことをリテンション（retention：人材定着）という（営業部門が顧客を維持する活動もリテンションであり、ここで議論するのは、正確には「人材のリテンション」である）。

せっかく採用し、教育訓練した貴重な人材には、企業に長く留まって、事業の発展に貢献してもらいたい。従業員のエンゲージメント（engagement：組織への愛着）がよく問題になるとおり、能動的に貢献しようという人材を保持することが、大きな経営課題になっている。

ところが、第1章で触れたように、イノベーションを生み出せる優秀な人材ほど希少価値が高い。限られた優秀な人材を巡って、企業は労働市場で熾烈な争奪戦を繰り広げることになる。

日本では終身雇用の慣行が確立され、転職市場が整備されていなかったことから、長く転職・引き抜きは少なかった。しかし、アメリカやアジア新興国には及ばないものの、1990年代後半以降、転職・引き抜きが着実に増えている。とくに若年層では、新入社員が入社3年以内に退職する割合が中卒で約7割、高卒で約5割、大卒で約3割に達することを「七五三」と呼ぶように、転職に対する抵抗感が薄く、優秀な人材がある日突然組織を去ることが日常茶飯事である。企業にとっては、優秀な人材を採用するインフローもさることながら、せっかく採用した人材を維持することも、同等以上に重要な課題だ。

アメリカでリテンションというと、他社が高額の報酬を提示して自社の人材を引き抜こうとするのに対抗し、それに負けない魅力的な報酬を与えることを主に意味する。しかし、この「リテンション＝高額報酬の付与」という単純な図式には、次のような疑問がある。

1つは、特定の人材だけに高額報酬を提示することがどこまで合理的か、という点だ。有能な人材にはそれに見合った報酬を出すべき、という主張は正論だし、事業部門で報酬を決定できるアメリカ企業では有効だが、人事部門が全体の給与体系を所管する日本企業では、そういう特例措置と全社給与体系を整合させることが実務的に問題になる。引き抜きがごく稀に起こるなら対応可能かもしれないが、人数が増えると運用上の困難を伴う。年功序列にこだわらず、優れた人材に高い報酬を与えることは重要だが、それは通常の給与制度の見直しで対処するべきことであり、個別に特例措置を取るのは合理的ではない。

もう1つは、高額の報酬を提示しさえすればリテンションが実現するのか、という疑問だ。第6章で紹介するとおり、人は報酬だけを目当てに働くのではなく、仕事のやりがいや労働環境など色々なことを求める。とくに、創造性の高い人材ほど、成果の証として報酬を求めるより以前に、自分の能力を発揮できる創造的・挑戦的な仕事を求める。「面白い仕事さえしていれば、報酬なんて関係ない」とまでは言わないが、報酬が最も重要ということではないだろう。

この2つ目の疑問に関し、マネジャーが果たすべき役割は大きい。

まず、マネジャーは、部下の能力水準をやや上回る挑戦的・創造的な仕事を与えるべきである。能力水準を下回ると「やっても価値がない」、大きく上回っても「できっこない」となり、意欲的なコミットメントを引き出すことができない。能力を存分に発揮して初めて可能性が見える、という適度な水準設定が大切だ。そのためには、部下の能力・特徴や職務に対する要望を正確に把握することが必要になる。

また、良い仕事を与えるだけでなく、実行のプロセスと成果を正しく把握し、それを評価に適切に反映させ、評価結果を本人にフィードバックする。次節で述べるように、自分が正しく評価され、組織から十分に認められているかどうかが、従業員の組織へのコミットメントを左右する。

以上を含め、部下とのコミュニケーションを深めることがリテンションのポイントである。適切な能力評価、業績評価のためにはコミュニケーションが必要だが、それだけでなく、日常的なコミュニケーションによって従業員に「自分のことを気遣ってくれている」と感じてもらうこと自体がリテンションの効果を高める。

◆人事評価の仕組み

ここまで、人材を採用し、育成し、異動・配置転換し、退職・解雇するという一連の流れを見てきた。以上によって人材ポートフォリオを構築したら、ビジョン・経営戦略を実現のために人材を活用する。詳しくは第5章や第6章で見るように、職場集団を形成し、マネジャーによる管理に従って活動するのだが、以下では、その後の評価・処遇、さらに報酬の問題について考える。

人は、他人からの評価によって自分の考え方・行動を大きく変える。したがって、企業が労働者にビジョン・経営戦略の実現に向けて効果的に活動してもらうために、あるいは、労働者に意欲的に働いてもらうために、マネジャーは部下を公正に評価する必要がある。

多くの企業では、昇進・昇格・昇給・ボーナス支給額などを決めるために、マネジャーが部下を年に1回、半期に1度など定期的に人事評価(あるいは人事考課)を行う。ただし、人事評価は報酬や昇進の決定のためだけに行われるものではない。評価によってマネジャー・従業員は従業員の強み・弱みを理解することができ、今後の事業運営の改善や人材育成に役立てることができる。

人事評価は、情意考課、成績考課、能力考課に分類することができる。

●情意考課…規律性・責任性・協調性など仕事への取り組みに対する評価
●成績考課…会社や上司が要求した仕事レベルの結果についての評価
●能力考課…会社が定めた資格等級における標準的能力に対する能力レベルの評価

これらのうち、どれに重点を置くかは、後ほど述べる賃金制度によって異なる。つまり、日本企業で主流になっている職能資格給においては能力考課が主体になるが、近年広がっている成果主義では、成績考課が重要な意味を持つ。

また、評価は可能な限り評点として数値化する。評点の付け方には、絶対評価と相対評価がある。

●絶対評価…事前に定めた基準に対する到達度を評価。基準を超えるという努力目標が明確になる、業績と連動させやすい、などがメリット。

- 相対評価…特定の集団の中で評価段階ごとに一定割合を分布させる評価。組織内での秩序付けがしやすい、明確な基準を設定しにくい場合でも評価できる、従業員同士の競争心を高めることができる、などがメリット。

年功序列の日本企業は、同期入社組の中での順位付けを重視したので、相対評価を主体にしていた。しかし近年、成果主義の普及に伴い、絶対評価と相対評価を組み合わせる企業が増えている。

繰り返すが、評価は、単に報酬を決めるためにだけでなく、従業員にビジョン・経営戦略に沿った行動をしてもらうため、また今後の能力開発に生かすために行われる。この基本的な考え方に沿うなら、努力目標が明確になる絶対評価を中心にするべきである。

◆マネジャーによる人事評価の手続き

マネジャーは、部下を人事評価する作業を担当する。人事部門が定める基準に沿って、次のようなプロセスで人事評価を行う。

①日常から部下の行動や業績を観察し、記録する。

評価作業それ自体は、半年に1度とかの頻度だが、公正な評価を行うためには、日常から部下の行動・業績を観察すると良い。その際、表面的な行動だけでなく、背景にある考え方も見るようにする。結果だけでなく、そこに至るプロセスも見るようにする。また、観察によって得られた情報を忘れないよう、事実を中心に記録する。

②評価時に個別の面談を行う。

通常、評価者と被評価者で1対1の面談を行う。①だけでは収集しきれなかった情報を入手するのが主たる目的だが、被評価者本人に自分の行動・業績を振り返ってもらうことにより、今後の業務や能力開発に役立ててもらうことも、重要な目的だ。したがって、被評価者に思っていることを率直に話してもらうよう、マネジャーは話しやすい雰囲気づくりや適切な質問の投げかけを心がけるべきである。

③記録と面談の結果から評価する。

人事部門から評価基準が与えられるので、考え方・評価項目をよく理解し、①②の結果を基準に沿って評価する。評価では、私情を排し、次節で述べるヒューマン・エラーに注意し、公正に評価を行う。

④人事部門に評価結果を報告する。

⑤評価結果を本人にフィードバックする。

評価結果を会社側・マネジャーの考えを含めて部下に伝え、今後の業務目標・能力開発目標を形成してもらう。結果を伝えるだけなら文書でも良いが、部下が評価結果を振り返って適切に目標を形成してもらうためには、フィードバック面談を行うべきである。

◆公正な評価のために

一般に人事部門が評価基準を策定し、マネジャーに提示するので、マネジャーは評価基準の考え方・内容をよく理解し、公正な評価を行わねばならない。

もっとも、第1章でも確認したとおり、従業員にはそれぞれ特徴があり、人が人を評価するのは容易なことではない。公正に評価しているつもりでも、ヒューマン・エラーを起こしがちだ。人事評価における代表的なヒューマン・エラーと対策を紹介する。

①ハロー効果…部下の目立って優れた（または劣った）特徴が評価者に強く印象付けられて、他の面の評価もそれに引きずられて同じような評価としてしまう錯覚のこと。

↓先入観を排除し、具体的な事実に基づいて評価するようにする。評価項目を理解し、評価項目ごとに分けて評価する。

②寛大化傾向…全体的に甘く評価（5段階評価で「5」「4」に集中）してしまう傾向のこと。そ

の逆が厳格化傾向。

↓甘過ぎる評価は部下の能力開発や行動変容を妨げることを認識し、具体的な事実に基づいて評価する。

③中心化傾向…極端な評価を避けて、中程度に評価を集中（5段階評価で「3」に集中）してしまうこと。

↓曖昧な評価は部下の能力開発や行動変容を妨げることを認識し、具体的な事実に基づいて評価する。

④対比誤差…評価者が自分自身（の能力など）を標準にして、自分の得意な分野は厳しく、不得意な分野は甘く評価してしまうこと。

↓客観的な事実に基づいて評価する。また、自らを評価基準に基づいて評価してみると良い。

⑤論理誤差…事実を確認しないで、高学歴の社員は業績も良いだろうなどと、1つのことから関連付けて推論で評価してしまうこと。

↓評価項目を理解し、評価項目ごとに分けて評価する。

⑥期末誤差…評価時期に近い期末の出来事を重視して評価してしまうこと。

↓評価時に一括で評価作業するのではなく、日頃から部下の仕事振りを把握し記録しておく。

◆３６０度評価の問題点と対応

ここまで、上司が部下を評価する一般的な話しを進めてきたが、最近は多面評価、別名３６０度評価を採り入れる企業が増えている。３６０度評価とは、上司だけでなく、部下や同僚、仕事で関係のある他部門の担当者、さらには取引先や顧客など、多方面から人材を評価する仕組みである。

３６０度評価のねらいは、上司が単独で評価するよりも、本人のことをよく知るさまざまな関係者が評価することによって、より公平で納得感のある評価を実施することである。また、第２章で触れた近年の組織のフラット化でマネジャーが以前より多数の部下を抱えるようになり、一人一人の部下をしっかり評価できなくなっていることも、導入の背景にあると言われる。

ただし、３６０度評価の効果は定かではない。評価作業が確実に煩雑になるほか、そもそも部下や同僚、まして取引先などは、評価の目的や基準、方法をきちんと理解していないことが多く、公平で納得感のある評価を得られるかどうかもたいへん疑わしい。お互いが評価し合うことで、組織風土が活性化する場合もあるが、疑心暗鬼になる場合も多い。

３６０度評価を機能させるには、マネジャーは、以下の点に留意するとよいだろう。

- 評価者に対し、３６０度評価のねらい、評価の進め方、評価基準の内容を周知徹底する。
- 評価者の評価スキルが低い場合、評価者研修などスキルアップのための施策を講じる。
- 社内情報システムを活用して集計作業を処理するなど、評価作業の負担を軽減する。
- 事実を中心に評価し、知らないことは評価しない。

３６０度評価を導入している企業では、評価結果を報酬に反映させるのではなく、人材育成に活用するために結果を本人にフィードバックするに留めるケースが多いようだ。

◆目標による管理（MBO）

第2章で触れたように、最近の組織管理では、トップダウンを基本にしながらも、ボトムアップやミドルアップダウンの要素を採り入れる動きが広がっている。その場合にカギとなるのが、目標による管理（あるいは目標管理、Management By Objectives：以下ＭＢＯと略す）である。

ＭＢＯは、従業員に自らの業務目標を設定・申告させて、その進捗や実行を各人が自ら主体的に管理する手法である。日本では１９５０年代後半以降、たびたびブームが起きる人気の高い管理手法で、成果主義を導入している企業の大半が何らかのＭＢＯを導入していると言われる。

ＭＢＯでは、次のように、評価者（上司）と被評価者（部下）との間で目標に関する合意を結び、その達成度合いで評価を行う。

①被評価者が全社目標や自部門の目標を理解したうえで、自ら目標を設定する。目標には定量的なものと定性的なものがある。

②対象期間（向こう半年間、ないし1年間）が始まる前に、評価者と被評価者が面談する。評価者は、必要に応じて、被評価者が設定した目標を合意のうえで修正する。

③対象期間が始まったら、被評価者は目標達成のために主体的に行動する。評価者は被評価者の行動を支援する。

④対象期間が終わったら、結果とそのプロセスについて振り返りの面談を行う。次の対象期間についての課題を検討し、次回の目標設定に反映させる。

ＭＢＯでは、従業員が低めの目標を設定してしまう、目標として設定されたこと以外をやらない、といった問題が起こりやすい。こうした問題を防ぐためには、②と③におけるマネジャーの関与が重要である。ＭＢＯは、従業員が自由気ままに自己管理することではないのだ。

◆賃金の総額決定

人事評価を行ったら、評価結果に従って労働者に賃金を支払う。ほとんどの企業で賃金制度は人事部門の専管事項となっているが、マネジャーも基本的な考え方を知っておくべきである。ＳＨＲＭでは、賃金は事業活動を進めるのに必要な労働を調達するためのコストと位置付けられる。実際には、労働市場における需給関係、企業の支払能力、従業員の生活費、あるいは人材の確保と定着、従業員のモチベーションの維持・向上、労使関係など、さまざまな要素を総合的に勘案し決定される。ここでは、人件費の総額の決め方について見た後、個々の労働者への配分について考えていくことにしよう。

人件費の総額は、労働が生み出す付加価値の分配という観点から、労働分配率に基づいて決定することが多い。

労働分配率＝人件費÷付加価値

ここで付加価値とは、企業が事業活動を通して生み出した価値である。加工を行わない小売業・卸売業の場合、損益計算書の売上総利益に等しいが、製造業などは加工を行うので、次の日銀方式や中小企業庁方式で算出する（他にも財務省方式などがある）。

〔日銀方式〕

付加価値 ＝ 経常利益＋人件費＋金融費用＋租税公課＋減価償却費

〔中小企業庁方式〕

付加価値（加工高） ＝ 生産高－外部購入価額

付加価値の源泉は大きく労働か、資本であり、労働分配率は付加価値の労働の取り分ということになる。日本企業のこの値は、だいたい50％から60％であるが、賃金には下方硬直性（簡単に下がらない）があるので、不況期で業績が悪化するとこの値が70％を超えることもある。労働分配率が一定になるように人件費の総額、賞与（ボーナス）支給総額を決める方法をラッカープランという。毎月労働者に支払う賃金は賃金制度によって決められた額を支払い、賞与総額を変動させることで人件費総額をコントロールするわけだ。

賞与総額＝付加価値×標準労働分配率－毎月支払った賃金総額

◆人事制度に基づく賃金

個々の従業員への賃金は、中小・零細企業では経営者の裁量で決めることもあるが、一般には人事制度の体系に基づき支給する。

人事制度は、資格等級制度、評価制度、賃金制度などによって構成される。

- 資格等級制度…従業員を職務能力などでランク分けする仕組み。
- 評価制度…従業員の能力・行動・成果を評価するための基準。この評価制度に基づいて従業員の考課を行う。
- 賃金制度…資格等級制度による等級や評価制度による評価によって支給金額が分かれるように賃金テーブルを用意する。

企業は、労働組合など労働者とこれら制度について合意し、毎年制度を運用して賃金を決定、支給する。

賃金は、給与、諸手当、賞与、退職金などによって構成される。

賃金には色々な要素があるが、大きくは、次のように、人に対して払う属人給と仕事に対して払う仕事給に分けることができる。

図4-6◆日本の賃金のS字カーブ

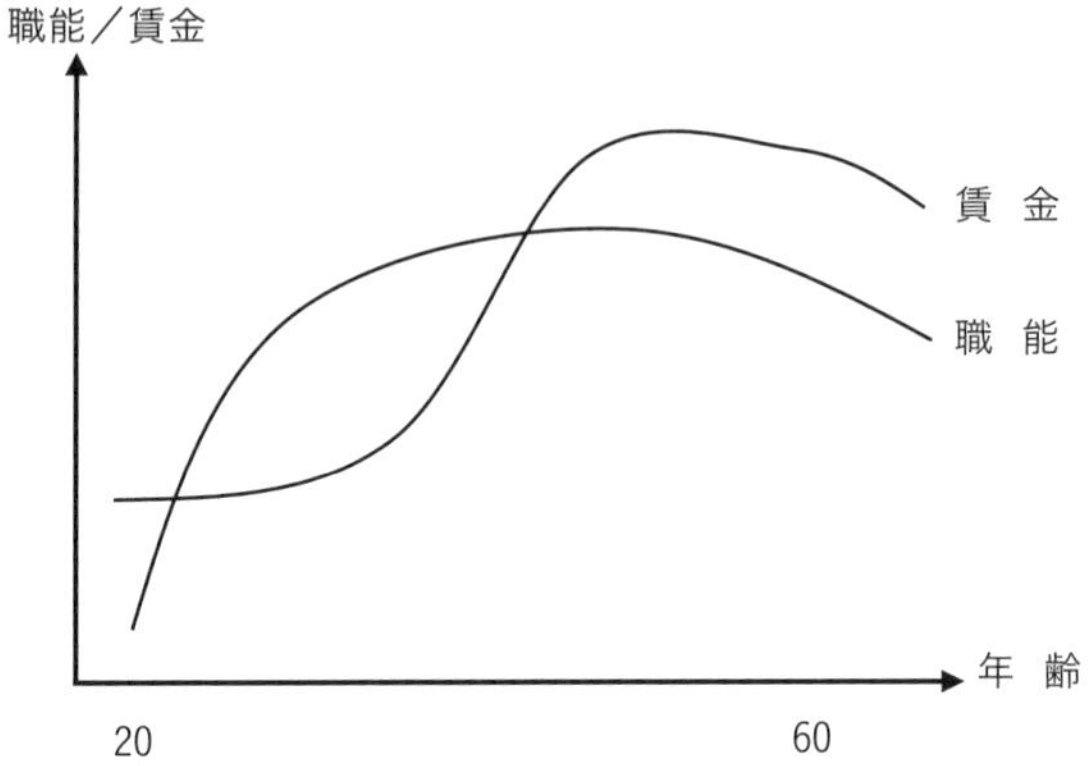

出所：著者作成

〔属人給〕

●年齢給…年齢に応じて支払う。

●勤続給…その企業での勤続年数に応じて支払う。

●学歴給…出身学歴に応じて支払う。

〔仕事給〕

●職能給…職務を遂行する能力に対して支払う。

●職務給…担当する職務の大きさ・難易度に応じて支払う。

●業績給…職務で上げた成果の大きさに応じて支払う。成果給や出来高給はこれに該当する。

なお、属人給には、この他にも性別給などがあるが、女性であることを理由にした賃金の差別は、労働基準法第4条で禁止されている。

◆日本の賃金制度の特徴と変化

日本企業の8割以上が、右の分類で言うと何らかの職能給を採用している。ただし、年齢が上がって経験を積むとそれだけ職能が上がるという前提で運用されており、実質的には年齢給に近い状態、つまり年功序列制になっていることが多い。

図4－6のように、縦軸に職能および賃金、横軸に年齢を取ると、賃金は30代までは相対的に低く、30代後半あるいは40代から急上昇し、S字カーブを描く。一方、職能はある程度の年齢までは教育と経験の蓄積によって高まっていくが、途中から加齢による体力・判断力の衰えなどで低下し、放物線を描く。つまり、年功序列制において、労働者は若い頃には企業に対して〝貸し〟をつくり、中高年になってその〝貸し〟を取り戻すことで、長期的に賃金と職能をバランスさせている。

この日本企業に独特な年功序列制は、かつては従業員と企業の双方にとって大きなメリットがあった。

従業員にとっては、家計での支出が少ない若い頃に賃金が低く、子供の学費や住宅取得などで支出がかさむ時期に賃金が高いことは、生活設計をしやすい（若い頃に高い報酬を得たら貯蓄をすれば良いので、本質的にはメリットと言えないのだが）。

企業にとっては、若い頃にいったん〝貸し〟をつくった従業員はそれを取り戻すために長期間勤続するので、従業員を囲い込み、長期的に育成・活用することができる。また、若手が多く、中高年が少ないピラミッド型の年齢構成の組織では、会社全体の人件費が安くつく。

一方、デメリットは、若い従業員にとって、高い賃金を得るまで長期間待たねばならないこと、企業にとって、高齢者が多い年齢構成になると人件費の負担が重くなること、などである。

年功序列は、若年人口が多かった高度成長期の頃、とくに長期間かけて熟練を形成する製造業などで大成功を収めた。１９８０年代まで、年功序列は、終身雇用、企業別組合と並んで、日本的経営の「三種の神器」として、日本企業成功の要因と高く評価された。

ところが、１９９０年代後半以降、多くの企業の人員構成が、中高年が多く、若手が少ない逆ピラミッド型に変わった。そこへ企業業績の悪化が直撃し、人件費負担に耐えられなくなった企業は、年功序列の見直しに着手した。

富士通が１９９３年に業績給の一種である成果主義を採用したのを皮切りに、各社がこぞって成果主義を採用したり、職能給を維持しつつも年功序列な運用から成果主義的な運用へと見直したりした。

こうした成果主義の動きに対しては、従業員が挑戦的な業務に取り組まなくなる、チームワークを軽視する、といった問題点が指摘された。成果主義の先鞭をつけた富士通が２００１年に成果を出すためのプロセスを評価するよう見直し、さらに２０２２年からジョブ型雇用を導入するなど、近年、日本の賃金制度は大きく揺れ動いている。

２０２０年以降、富士通・日立製作所など一部の大手企業がジョブ型雇用に切り替えている。ジョブ型雇用は、職務とその価格を提示して採用する仕組みなので、先ほどの分類だと職務給である。

ただ、職能資格制度が基本にあり、年功的な要素が色濃く残っている点で、全体的には、世間で騒がれるほど日本の賃金制度が大きく変貌しているわけではない。

なお、同一労働同一賃金の実現による非正規雇用（パートタイマー、派遣労働者など）の待遇改善を目指してパートタイム・有期雇用労働法が改正された（大企業では２０２０年4月から、中小企業では２０２１年4月から）。同一労働同一賃金は、国際労働機関（ＩＬＯ）がＩＬＯ憲章で定める基本的人権だが、日本では非正規雇用と正規雇用で賃金格差が大きいことから、同一労働同一賃金を徹底し待遇格差を解消することを目指している。

同一労働同一賃金をどのような形で日本に導入するのか、今後の法制度の変更と企業の対応が注目される。

◆海外での人事管理

ここまでの説明は、もっぱら日本国内での人事管理を想定していた。しかし、近年の急速なグローバル化により、海外拠点を含めたグローバルな人事管理が重要になっている。

原理原則のレベルでは、日本でも海外でも人事管理のあり方が変わるものではない。ただし、日本とは異なる海外の事情により、次のような特別な配慮が必要になる。

●現地の法規制を熟知する。

人事管理では、労働法規に則って実行するべき内容が多い。とくに新興国では、中国の労働契約法のように、現地政府の都合で、突然または十分な準備期間を与えられず法規制が変更される場合がある。一般に、現地に進出する際は綿密に法規制を調べるが、その後は放置状態になり、突然の規制変更で大慌てすることが多い。進出後も継続的に動静をウォッチするよう心がけたい。

●労働市場や社会情勢など現地の事情を確認し、配慮する。

海外拠点を運営するうえで、賃金相場や求人倍率など労働市場の状況は当然気になるが、より大きなリスク要因になるのは、社会情勢の方である。反日感情の強い国では、反日デモ・ストへの発展を警戒する必要がある。また日本では想像がつかないほど宗教の影響が強い国もあるので、注意を要する。こうした情勢変化をいち早く察知するためには、現地政府、現地パートナー、日系商社・銀行などとのネットワークを日頃から維持・強化しておくことが望ましい。

●契約や明文化されたルールをベースに、従業員から見て明快な組織運営を心がける。

ハイコンテキストな日本では、職務内容やキャリアプランをあいまいにして、「まあ、とにかくやってくれよ」「気を利かして働いてくれよ」と阿吽の呼吸で管理することが通用する。しかし、権利意識が高い先進国だけでなく、新興国でも、職務記述書など明確にしないと、従業員は満足に働いてくれない。日本では、上司が忙しいときに進んで仕事を手伝う部下は高く評価されるが、海外では、「上司の役職を奪おうとする油断ならない人物」という評価になる。この点に関しては、日本が非常に特殊な国なのだと理解する必要がある。

●現地作用社員への権限委譲と幹部登用を積極的に進める。

アメリカでは、組織の中で女性や黒人の昇進が制限されていることを「ガラスの天井」と呼ぶが、日本企業の海外拠点でも、経営幹部は日本から派遣された日本人だけという、現地採用社員にとって「ガラスの天井」が存在する場合が多い。これでは、優秀な社員を現地で採用し、定着させることは難しいし、組織は活性化しないだろう。とはいえ、いきなり権限委譲と幹部登用を進めるのは難しいので、優れた人材を採用するだけでなく、人材育成を進めることが前提条件となる。少なくとも、現地採用社員を使い捨てする発想では、現地採用社員に見限られ、現地での事業発展は覚束ないだろう。

◆人事制度が大きく変わる

ここまで紹介した日本の人事制度は、近年の事業活動のグローバル化や働き方改革の流れを受けて大きく変化しようとしている。日本の人事制度は国際的に見て特異で、それをアメリカなど諸外国に合わせようという動きである。

ＳＨＲＭの各要素について、アメリカの人事制度と最近の日本の動向を確認しよう。

〔インフロー〕

アメリカでは、職務（ジョブ）を担当する従業員が退職などでいなくなったら随時採用する欠員採用が基本である。そのため、経験者の中途採用が主体になっている。

日本でも技術の高度化や事業活動の複雑化に伴い、即戦力である中途採用が広がっている。新卒者の採用ニーズは依然として旺盛だが、大手企業の採用活動を規制してきた就職協定が有名無実化し、自由競争の様相を呈するようになっている。

〔インナーフロー〕

アメリカでは、採用時点で担当する職務や勤務地が契約で決まっており、上級管理職を除いて入社後、会社命令でジョブローテーションや転勤をすることはない。

日本の頻繁なインナーフローは労働者の専門能力の形成を困難にするし、単身赴任は従業員の家庭生活を破壊する非人間的な面がある。ＮＴＴ・富士通・ＪＴＢなど大手企業が転勤廃止の方針を打ち出しており、転勤廃止がトレンドになりつつある。

ただ、日本では余剰人員を他部門に異動させることで解雇を回避しており、転勤廃止になったら余剰人員をどう処遇するかという重大な課題がある。転勤廃止が広がるかどうかは、解雇を法的に認めるかどうかにかかっている。

〔アウトフロー〕

アメリカでは、定年制は年齢による労働者の差別に該当し、違法である。一方、担当する職務が無くなれば、従業員は年齢に関係なく解雇される。

どんなに成績不良の従業員でも解雇できないという日本の仕組みは、企業にとって大きな足かせであり、日本経団連は一定の条件で解雇を認める「解雇の金銭解決」の導入を過去3度にわたって政府に要望している。ただ、解雇規制の緩和がもたらす社会的な影響の大きさから、政府は（今のところ）慎重姿勢を崩していない。

〔人材育成〕

成果やポストを競い合う競争的なアメリカの職場ではＯＪＴが機能しないので、Ｏｆｆ－ＪＴが育成の主体である。また、転職してより高い報酬を得るために、自己負担で自己啓発に取り組むことも多い。

日本でも、ＯＪＴの限界が明らかになっていることや政府がリスキリングを後押ししていることから、Ｏｆｆ－ＪＴや自己啓発の比重が高まっていくと予想される。

〔評価〕

アメリカでは、採用時には職務を担当できるかどうか評価するが、採用後は基本的に評価を行わない。職務を遂行できると判断したら続けてもらう、遂行できないと判断したらクビにする。これは、伝統的に労働組合が会社による恣意的な評価を排除するべきだと強く要望してきたことによる。

日本では、ジョブ型雇用に転換したとする大手企業でも職能資格制度で実施してきた評価を続けている。評価に関しては、アメリカに近づいていく動きは（今のところ）ない。

〔報酬〕

アメリカでは、上級管理職や営業職は成果主義だが、大半を占める中間管理職・一般従業員は職務給である。職務給では、同じ職務を担当している限り、賃金は変わらない。

日本では、ジョブ型雇用に転換したとする企業でもベースアップが行われているとおり、職務に値段を付けて人を当てはめるという形には必ずしもなっていない。

このように、全体的には日本の人事制度がアメリカに近づいていることは間違いない。ただ、過去の経緯や法制度の違い（とくに解雇法制）などがあり、将来完全に同じになるとは限らない。現在は、従来の日本型でもアメリカ型でもない、新たな日本型人事制度を模索している最中と言えるだろう。

ケースの解説

本ケースは、ＳＨＲＭの発想による人事制度、とくに人事評価と異動について、マネジャーの基本姿勢を問うている。

この状況において、まず中原は「優秀な人材」とは何か、という疑問を持つべきである。人材には、部門のオペレーションを担う労働力という側面とＳＨＲＭで経営戦略の実現に貢献する差別化要因という側面がある。今回、問題になっているのは、後者の方である。

次に、異動候補者の選定で人事評価をそのまま使って良いのか、という疑問がある。通常の人事評価では、審査部の業務を能率的に遂行できる人材が高い評価を得る。もしも人事評価を重視するなら、人事評価が最も高い平井を人事部が指名すれば良いわけで、中原の意見など聞くに及ばない。中原に候補者を選ばせているのは、経営陣あるいは人事部が審査部に必要な能力とリレバン・チームで必要とされる能力が違うと認識していることを意味する。

ここまで整理したところで、さらに「優秀な人材」を選定すべきか、という問題がある。従来の考えでは、マネジャーはオペレーションの責任者である。この役割を重視するなら、審査部の戦力を維持するため、能率が劣る従業員を異動させるべきだろう。しかし、ＳＨＲＭでは、マネジャーには経営戦略を実現するための貢献が求められる。

今回、会社がリレーションシップ・バンキングへと戦略転換するのだから、中原は余剰人員を出すのではなく、103ページで解説したＰＰＭの発想で、戦略実現に貢献できる人材を推薦するべきだろう。余剰人員の放出を思案している時点で、中原はＳＲＨＭを理解していない、あるいはマネジャーの今日的な役割を理解していない、と言えよう。

最後に、優秀な人材を選ぶにせよ、余剰人員を放出するにせよ、ケースの記述から、中原はきちんと人事評価を行っているのか、という疑問が湧く。職能資格制度で能力を、ボーナス査定で業績を見ているなら、一色が「経営陣や部長の方針に批判的で、やや評価を下げている」こと、竹内が「育児休暇が多く、残業を嫌がる」ことを問題にしているのは、人事評価の運用を誤っている可能性が高い。

検討課題

1. 自社の人事制度は、ＳＨＲＭの発想に基づいて設計・運用されているだろうか。自社のビジョン・戦略と人事諸制度の整合性を確認せよ。
2. 自社は、人材ポートフォリオを明らかにして、戦略的に優秀な人材を採用できているか。また、あなたは、自部門に必要な人材ポートフォリオ・人材像を明らかにし、人事部門に要望しているか。

3．自社はPPMを意識して異動を実施しているか。あなたは、PPMの発想で優秀な人材から優先的に異動対象者を選定しているか。

4．リテンションの重要性を認識し、才能のある従業員が定着するような職場運営をしているだろうか。

5．自社の賃金制度の特徴を分析せよ。賃金制度は従業員にとって魅力的で、従業員を動機づけすることに成功しているか。

6．あなたは部下を日常から観察し、基準にしたがって、公正に評価しているか。また、評価結果をしっかりフィードバックし、人材育成や業務改善に役立てているか。

第5章 集団への働きかけ

▼▼▼マネジャーが率いる職場集団は、集団凝集性と成果実現の集団規範を保ち、活性化し、効率的でなければならない。マネジャーは、コンフリクトを解消してチームシナジーを実現するよう働きかける。また、ワンランク上の問題解決に取り組む職場づくりを目指す。

case

新任部長の半年

佐久間一久は共進製作所の総務部長である。

共進製作所は準大手の精密機械メーカーで、高い技術力によって市場の評価を得てきたが、デフレ不況、海外の低価格品との競合などから、このところ業績は低迷気味である。収益建て直しのために、新製品開発やコスト削減を中心とした中期経営計画を実施している。

佐久間は半年前に現職に就くまで、入社以来一貫して営業部門および営業支援部門を歩んできた。営業部門では積極的な営業と得意先との関係づくりによって、トップレベルの営業成績を上げてきた。今年春に部長に昇格するとともに、総務部長に就任した。入社21年目で、現在44歳である。

総務部には、庶務課、資材課、法務課という3つの課があり、総勢21名の部員がいる。各課の課長は、いずれも総務部門での実務経験が長く、高度な業務知識を持っている。

佐久間が総務部長になって半年が過ぎた。

佐久間が部を運営するうえで何より心がけているのは、しっかり目標を立ててそれを確実に達成していくことだ。共進製作所では長引く不況に対応して各部の要員を減らしており、総務部も少ない人員での業務のやりくりを強いられている。こうした中、漫然と仕事に取り組んでいたのでは、日々の雑務の処理に流されてしまうだろう。しっかりとした目標を持って業務に取り組まないと、大きな改革を進めることはできない。佐久間は以前の営業課長時代にも、「ちょっと無理です」と音を上げるような挑戦的な目標を営業課員に与えて、厳しく叱咤することで成果を上げてきた。

佐久間は、総務部長就任と同時に、課長に対して各課の現状の課題を報告させた。そして、課題の優先順位、課題ごとの達成水準、達成期限、責任者を佐久間が自ら設定して、確実にこれを達成するよう指示した。

そして半年たったのだが、残念ながら佐久間は、この半年間の成果に手ごたえを感じることができていない。各部員はまじめに仕事に取り組んでいるようだが、目標達成という具体的な成果が見えないのだ。春先に指示したことの半分も達成できていない状況である。

資材課には包装資材・事務用消耗品の購入コストの低減を課題として与えた。中期経営計画でも購入コストの低減は大きな課題であり、25％の削減を目指している。通常の交渉ではこれだけのコスト削減は不可能であり、抜本的な購入プロセスの見直しが必要である。

資材課員は担当ごとに仕入業者と交渉をしているようだが、半年たっても月ごとの購入価格は前年比３％減くらいで、ほとんど変化ない。資材課の中島課長に事情を問うと、次のような説明があった。

「課員はちゃんとがんばっています。購入は相手のいる話ですし、今までのやり方がありますから、購入プロセスを変えるといっても、一朝一夕では進みません。長期戦で取り組む必要があります」

法務課には、共進製作所の製品の中国における特許侵害の対策の強化を指示した。共進製作所の製品は多数の特許によって保護されているが、近年、中国のメーカーが特許を侵害して類似品を製造し、安値で販売するようになっており、無視できない影響が出ている。

佐久間の命を受けて、法務課の担当者は頻繁に中国に出張し、現地当局との折衝を重ねている。しかし、現地駐在所からの報告では、特許侵害の月ごとの件数は、逆に確実に増えている。法務課の田口課長に理由を質すと、田口は怪訝そうな表情で次のように反論した。

「おっしゃることはよくわかりますが、そうは簡単にいきません。広い中国では特許侵害の実態や相手メーカーの所在を掴むだけでも一苦労です。当社の製品の中国での売上は増えていますから、これくらいの被害で済んでいるのは、むしろ大きな成果と考えていただきたいのです」

◆企業の発展と職場集団

この章では、マネジャーが日常的に活動する舞台である職場集団のあり方や職場集団への働きかけについて検討する。第2・3章が部門責任者など上級マネジャーに関係が深い、広い内容だったのに対し、この章では、中・下級のマネジャーに関係が深い、現場の身近な問題について考える。

企業の活動は、トップによるビジョン・戦略・計画を組織の下層にブレイクダウンし、最終的には職場という集団を基本単位として展開する。マネジャーは、人事異動や部門の立ち上げや異動で新しい職場が編成されたら、職場に課せられたミッションや目標を明らかにし、メンバーに職務を割り当てて、ミッション・目標を達成するために計画的に活動する。

こうした一連の職場の活動を効率的に遂行することが、職場の責任者であるマネジャーにとって最大の責務であり、関心事項であろう。しかし、マネジャーには経営上層部から与えられた課題を効率的に達成するにとどまらず、企業を発展に導く優れた職場を形成・運営する必要がある。

長期的に発展する優良企業と低迷・衰退する企業では、職場のあり方が大きく異なる。優良企業の職場を訪問すると、それが店舗であれ、工場であれ、事務所であれ、短時間のうちにキラリと光るものを感じ取ることができる。職場に活気と適度な緊張感があり、高度に機能的で、1人1人の職場のメンバーが自律的に行動しながらも、全体として1つの方向に向かっている。低迷・衰退する企業はその逆だ。

つまり、マネジャー個人の職責というだけでなく、企業経営という広い視点から見ても、職場運営のあり方は決定的に重要だということだ。これは、以下の2つの理由による。

1つは、企業組織の中で職場が市場・顧客・競合と直接、日常的に向き合っていることだ。市場構造や顧客ニーズの変化、あるいはそれに対応する競合の戦略の変化が激しい今日、変化に的確かつ迅速に対応できるかどうかが企業の浮沈を決める。もちろん、全社的な対応方針である経営戦略を決めるのはトップだが、そのトップが正しい戦略方針を決めるには、現場から市場・顧客・競合の変化についての情報がきちんと上がってくることが前提条件になる。また、トップの対応方針はどうしても概略的なものにとどまるので、現場が市場・顧客・競合の実態に合わせて柔軟かつ機動的に対応することが欠かせない。

もう1つは、職場において、企業を発展させる知識・イノベーションが生み出されるからだ。ヤマト運輸の小倉昌男が宅急便を発案して危機的な状況にあった経営を立て直したように、トップがイノベーションを主導することは多い。一方、アメリカのスリーエム（3M）で粘着物質を研究する過程で生まれた「くっついてもすぐに剥がれてしまう失敗作」を使ってポストイットが生まれたように、現場でイノベーションが起こることがある。どちらの方が重要、有効とは判断しにくいが、ヤマト運輸でも、その後現場の発案で、クール宅急便、スキー宅急便といった新商品が次々と生まれた点には注目したい。起業家が天才的な経営戦略で登場し、短期間で勢いを失ってしまう〝一発屋〟で終わることなく、長期的に発展するためには、トップと現場がともにイノベーション創造に取り組むことが望ましい。

近年の研究では、イノベーションの創造には、知識・情報が交流する「場」が重要だという。「場」には研究機関との共同研究や異業種交流など外部の場合もあるが、最も基本的な「場」は職場である。

以上のように、職場には、①経営戦略の実現のために業務を効率的に遂行する組織単位、②イノベーションを創造する組織単位、という2つ側面があるということだ。

このうち①については、第2章の組織構造・組織プロセスや第4章のフローマネジメントの箇所で基本を紹介した。そこで本章では、②を中心に優れた職場のあり方やマネジャーの職場への働きかけについて考えることにしよう。

◆集団の成立条件

まず、職場という集団の基本的な条件や特性について確認しよう。

集団とは、最も一般的な定義としては、「2人以上で組織化された人間の集まり」であり、組織と個人の中間的な存在と考えることができる。第2章の組織構造の議論によると、職場集団は専門化の原則に従って、同じ専門性を持つ従業員が集まった組織単位と捉えることができる。また、メンバー間の相対的な優位性である比較優位によって適材適所で役割分担する。

一方、社会学では、単なる人の集まりである群衆と区別し、集団の構成要素として次の4点を挙げている。

①集団凝集性…集団メンバーに対して集団に留まり続けるよう働きかける力を凝縮したもの。この働きかける力には、集団への帰属意識（最近の表現だとエンゲージメント）、満足感、特定の構成員への心理的こだわりなどがある。

②目標…集団として達成したい事がら、ありたい状態への方向付け。

③リーダーシップ…目標を達成するために、リーダーがメンバーを指導・援助する行動。

④集団規範…集団の中でメンバーが共有する判断の枠組みのこと。

つまり、マネジャーが良い職場を形成・運営するには、この4点について職場の状況を把握し、改善のために働きかければよいということになる。

このうち、③リーダーシップについては次章で検討することとし、本章では①集団凝集性と④集団規範について詳しく見ていくことにしよう。

◆集団規範

集団の構成員（リーダーとメンバー）が業務を進めるうえで、何をすべきか、するべきでないか、という判断を求められる場面がある。そのとき、判断の基準として集団規範が重要な役割を果たす。

集団規範は、たとえば次のような内容である。

- 業務において何を優先するか。たとえば、ＱＣＤ（Quality：品質、Cost：コスト、Delivery：納期）のどれを優先するか。
- どこまで業務の完成度を追求するか。
- 顧客の利益と会社の利益が相反するとき、どちらを重視するか。
- メンバー個人の利益と会社の利益が相反するとき、どちらを重視するか。

●手続きをどれだけ尊重するか。

これら集団規範には、公式のものと非公式のものがある。公式の集団規範は、業務マニュアルなどに記載されている。それに対し、非公式の集団規範、あるいは「組織の不文律」「暗黙の前提」は、構成員の間で暗黙のうちに共有されており、第3章で検討した組織文化やパラダイムに近い。

自分自身の職場での過ごし方を振り返れば容易にわかるとおり、非公式の集団規範の方が数が多く、複雑で、しかも判断において重要な意味を持っている。

集団の構成員の考え方や志向、行動、好みなどを似通ったもの、あるいは同一にするよう作用する力のことを集団圧力という。集団規範と集団圧力には深い関係がある。

集団圧力が強まると生じるのが、構成員の同調行動である。同調行動とは、構成員が集団規範に従って行動することを言う。人間には、他人から認められたいという欲求があるし、とりわけ日本人は他人と違う行動をして目立つことを避けようとするので、同調行動が頻繁に発生する。

同調行動には、追従・同一視・内面化といったパターンがある。追従とは、他メンバーから好感を持ってもらうよう、本心を離れて他メンバーに言動を合わせることである。同一視は、あこがれを感じる特定の他人と同じように行動しようとすることである（第6章で紹介する同一的パワーと同じ)。内面化とは、他人の考えや行動を自分自身の考え方・信念や行動パターンとして取り込んでいる状態を言う。追従や同一視は、メンバーの交代など環境が変われば、それに応じて変化するが、内面化された同調行動は、簡単には変わらない。

職場によっては、会社の組織文化が職場の集団規範に反映され、その集団規範が職場の構成員に内面化されている状態にある。逆に、組織文化、集団規範、構成員の内面がバラバラという職場も多いだろう。前者の「組織文化～集団規範～構成員の内面」が連動している場合、その職場は会社が目指すビジョン・戦略に向かって統一的に活動することができる。

マネジャーは、組織文化、集団規範、構成員の内面の3つを確認する。もし3つが連動していないなら、集団規範のあり方を変えるとともに、構成員の内面化を促すよう働きかける必要がある。

といっても、大掛かりな対策が必要なわけではない。判断に迷うような場面に直面したら、拙速に処理するのではなく、組織文化や職場の状況を勘案し、そもそもあるべき集団規範が何なのかを明らかにする。そして、明らかになった集団規範をメンバーに伝えて理解を求め、集団規範に沿ったメンバーの行動を正しく評価する。

◆集団凝集性

集団凝集性とは、簡単に言うと、集団のまとまりの良し悪しのことである。リーダーの指示のもとメンバーが一致団結して行動する職場もあれば、メンバーが思い思いバラバラに行動している職場もある。

集団凝集性の高低はどのようにして決まるのだろうか。色々な見解があるが、次の6点がよく指摘される。

①メンバーが共有する時間
↓共有する時間が長いほど凝集性が高くなる。短いほど低くなる。

②メンバーの数
↓メンバーが多いほど凝集性が低くなる。少ないほど高くなる。

③集団への参加の難しさ
↓参加が難しいほど凝集性が高くなる。容易なほど低くなる。

④メンバーの性別
↓女性の割合が高くなるほど凝集性が高まる。男性の割合が高くなるほど凝集性が低くなる。

⑤集団外の脅威の存在
↓脅威が大きいほど凝集性が高まる。小さいほど低くなる。
⑥過去の成功・失敗体験
↓成功体験があると凝集性が高まる。失敗体験があると凝集性が低下する。

マネジャーは、職場の集団凝集性を上げ下げしたい場合、こうした要因に働きかければ良いということになる。

◆集団凝集性、集団規範と生産性

問題は、集団凝集性が職場の生産性（パフォーマンス）とどう関係するのかという点だ。集団凝集性が低い職場、つまりメンバーがバラバラになっている職場が好ましくないことは直感的に想像できる。では、逆に集団凝集性が高ければ高いほど良いのかと言うと、単純にそうとは言えない。

職場の生産性に関する実証研究によると、集団凝集性とともに、成果実現に対する集団規範のあり方が生産性に大きく影響する。つまり、図5－1のように、集団凝集性が高く、成果実現の集団規範が高い場合が最も集団の生産性が高く、集団凝集性が高く、成果実現の集団規範

図5-1 ◆ 集団凝集性、集団規範と生産性

成果への集団規範			
	高	最 高	中程度
	低	最 低	中程度／低い
		高	低
		凝 集 性	

出所：Stephan Robbins, 'Organizational Behavior' を一部修正

が低い場合が最も集団の生産性が低い。集団凝集性が低い場合の生産性は中程度である。

よく「チームワークを良くしよう」「職場が一丸となって頑張ろう」と言うが、マネジャーは、集団凝集性だけでなく、成果実現の集団規範と両立させる必要があるということだ。

◆過剰な同調行動、集団思考の問題

成果実現の集団規範が確保されているなら、集団凝集性が高いほど生産性が上がる。ただし、集団規範が高度に確立され、集団凝集性が高い、〝一糸乱れぬ〟職場、あるいは〝金太郎飴〟の職場では、別の問題が出てくる。

1つは、不適切あるいは過剰な同調行動によって、変化に柔軟に対応できなくなることだ。同調行動は、職場の目標や方針が定まった状態で効率を高めるの

には威力を発揮するが、それに反する行動を抑圧するので、市場・顧客ニーズや競合の戦略が変化するときなど、各メンバーによる自律的な対応を抑制してしまうことがある。また、心理的安全性（安心して自分の考えを発言できる状態）を築けなくなってしまう。

マネジャーが同調行動による効率と職場の柔軟性を両立させるのは容易ではないが、外部環境の変化をよく見極めるとともに、異端児とよばれるメンバーの言動に真理がないかどうかを柔軟に考える必要がある。

もう1つの問題は、集団思考に陥りやすいことである。集団思考とは、集団で意思決定する場合に、個人での意思決定に比べて不合理あるいは危険な決定をしてしまうことを指す。日本で最も有名な集団思考は、太平洋戦争開戦前の御前会議で、出席者全員がアメリカに勝てないとわかっていたのに、楽観的な空気が支配して開戦を決定したことであろう。現代企業でも、無謀な新規事業に賭けたり、コンプライアンス違反を容認してしまうなど、集団思考の例は多い。

集団思考の誤りを防ぐために、マネジャーは、集団の意思決定では客観的な立場を維持し、「自分一人で決めるとしたら、こういう決定をするだろうか？」と批判的に自問する癖をつけておくと良いだろう。

ただし、自分たちが集団思考に陥っているのかどうかを冷静に自己分析するのは難しい。そこで、複数の集団で同じ問題について議論をしたり、「悪魔の弁護人」を立てることが有効である。

悪魔の弁護人(devil's advocateまたは悪魔の代弁者)は、キリスト教会が新しい候補者を聖者に加えるかどうかを審議するにあたり、意図的に反対者の役割を演じる人を設定して議論したことに由来する。企業では、重要な意思決定を行う際、提案に対して否定的な要素を取り上げて反対する者を公式に指名するものである。ポイントは、集団思考に反対する意見を述べる者が出現するのを待つのではなく、公式に指名することだ。

◆チーム成長とチームシナジー

職場集団は常に一定の状態にあるわけでなく、人間と同じように成長・発展段階がある。これをチーム成長という。なお、集団とチームはほとんど同義だが、チームの方が凝集性が高く、活動によって得られるシナジー(相乗効果)が大きいとされる。ここからの説明では、職場とチームという両方の用語を使う。

チーム成長は、「形成期」「混乱期」「標準期」「達成期」という4つの段階に分かれる。

①形成期…チームの構成員と役割分担などを決め、チームとして活動を始める。

②混乱期…メンバー間の意見の対立などによってパフォーマンス(業績)が低下する。

③標準期…順調に活動し、大きな成果を実現する。

図5-2◆チーム成長とチームシナジー

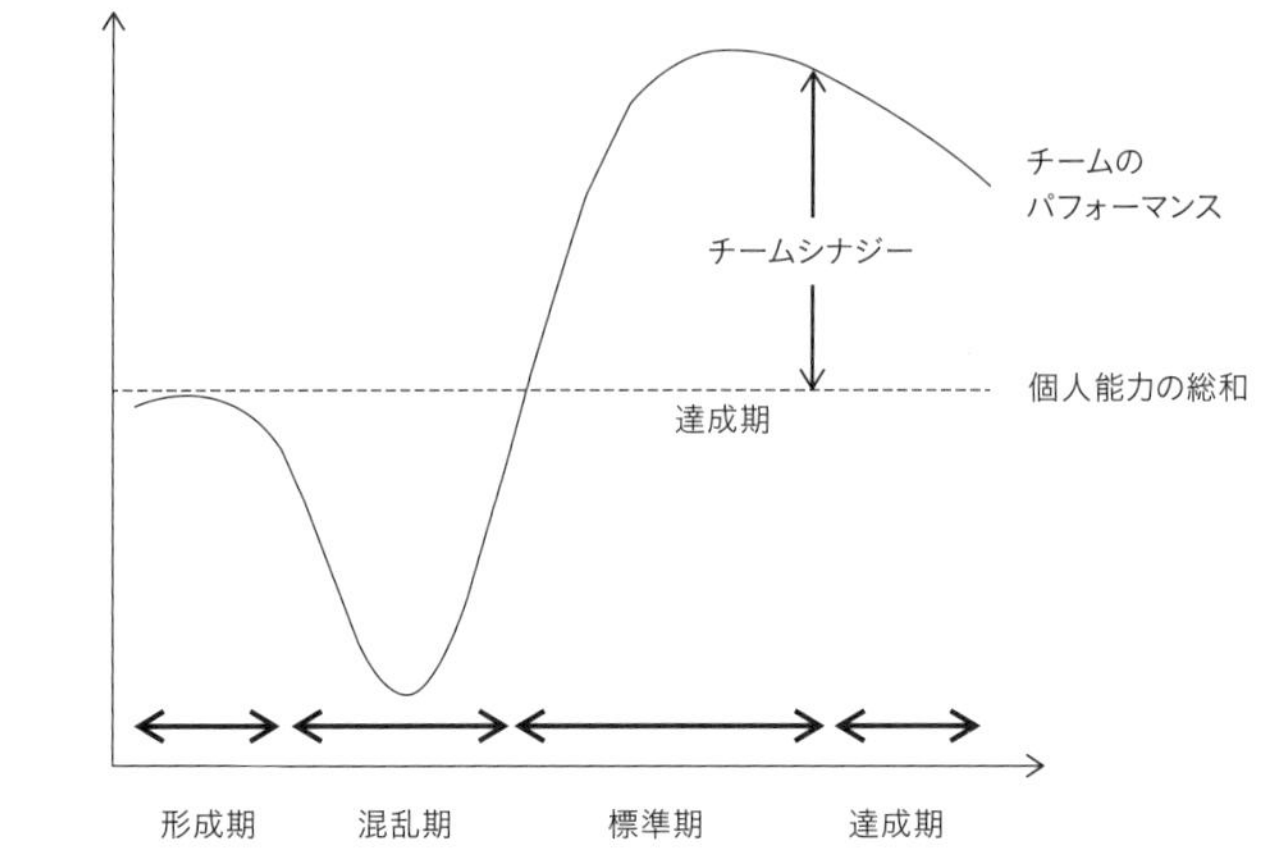

出所：著者作成

④達成期…チームの役割を終え、チームを解散あるいは再編成する。

チーム成長とチームの成果はどういう関係にあるか。まず、チームの成果をチームが創出するチームシナジーだと考えることにしよう。チームシナジーとは、チームが創出するパフォーマンス（業績）とメンバー個人の能力の総和との差である。

通常、チームシナジーはプラスだが、マイナスになる場合もある。マイナスの場合は、わざわざチームを編成する価値はないということになる。チームシナジーが大きいチームが優れたチームだ。

図5-2のように、縦軸にチーム・パフォーマンス（と個人能力の総和）、横軸に成長・発展段階を取ると、形成期では、メンバーがただ集

まっただけなので、チームシナジーはほぼゼロである。つづいて混乱期では、意見の対立などが表面化し、チームシナジーはマイナスになる。ここでチーム活動を立て直すと、次の標準期ではチームシナジーを実現することができる。そして、達成期では、マンネリズムによるメンバーのモチベーション低下などによってチームシナジーが縮小する。

マネジャーは、職場集団・チームの責任者として、混乱期の期間をできるだけ短く、チームシナジーのマイナスをできるだけ小さくする一方、標準期の期間を長く、プラスを大きくしたいと考えるだろう。

ここでポイントとなるのが、マネジャーの混乱期の対処である。マネジャーは、混乱期を回避しようとして、あいまいな対応を取ったり、見て見ぬふりをしたりすることがある。あるいは逆に、強圧的な態度で抑え込む場合もある。そうではなく、マネジャーは対立の構造をしっかり見極め、メンバーとじっくり話し合って根源的なところから対立解消に努めるべきである。たとえ一時的に混乱が大きくなっても、しっかり対応することが続く標準期でのチームシナジーが拡大するのである。

また、標準期では、その期間を長くすること、チームシナジーを最大化させることが必要になる。この段階になると、マンネリズムなどによって緊張感が低下したり、好ましくない集団規範が形成されていたりする。マネジャーは、チーム活動やメンバーの心理状態などを正確に把握し、チームの活性化に努める。

◆コンフリクト・マネジメント

混乱期に発生するチーム活動の停滞とマネジャーの対応は、マネジメントで言うコンフリクトの問題である。

コンフリクト(conflict)とは、衝突、対立、葛藤などを意味する。ここでは、チーム内のコンフリクトを扱うが、チーム外でも、たくさん売るために在庫を増やしたい営業部門と在庫を抑えたい製造部門が対立するような部門間のコンフリクト、顧客・株主・取引銀行など外部利害関係者とのコンフリクトもある。

かつては、コンフリクトが組織にもたらす混乱を懸念し、いかにしてコンフリクトを回避するかに重点が置かれた。しかし、近年は、組織を創造的に変革する契機として、コンフリクトを積極的に評価する見方が強まっている。

チームが形成期を経て、活動を本格化させると、それまではメンバー同士が遠慮気味だったのと変わって、メンバー同士の性格・考え方・業務スタイルなどの違いが表面化する。それによってチーム運営の方針などを巡って対立が発生する。これが混乱期で見られるコンフリクトの典型である。

ケネス・トーマスとラルフ・キルマンらは、コンフリクトの解消は、自己主張性と協力性と

図5-3◆コンフリクトの解消

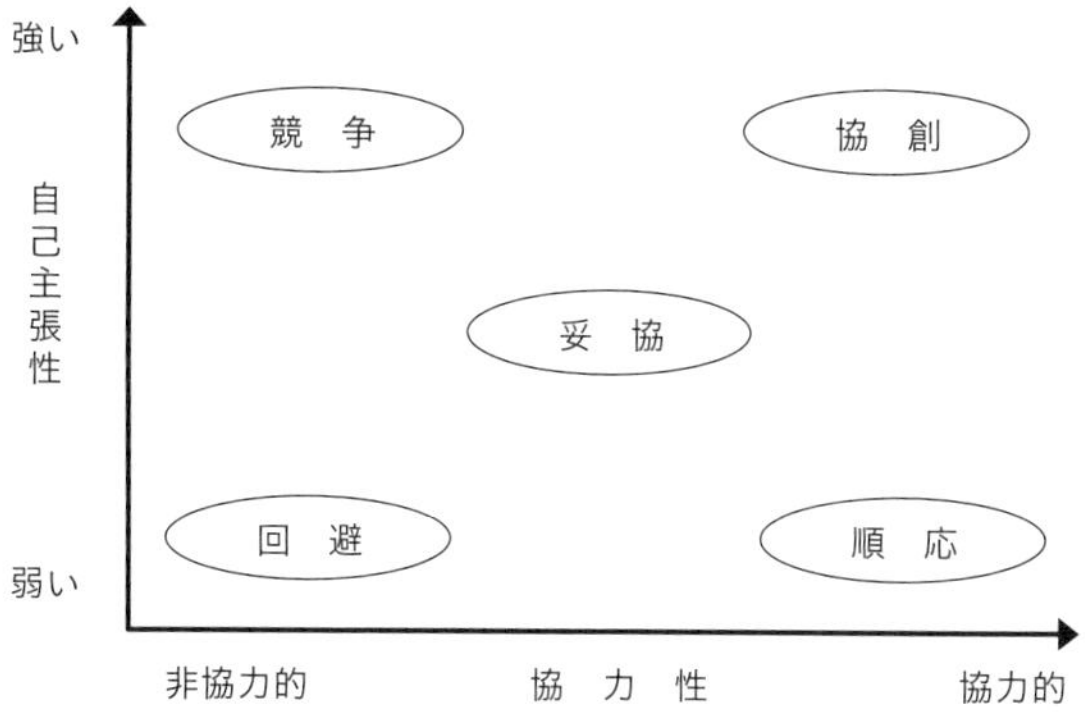

出所：Kenneth Thomas, 'Conflict and Conflict Management'

いう2つの次元で捉えることができるとした。自己主張性はコンフリクトの当事者がどれだけ自己の利害充足を重視しているか、協力性はコンフリクトの解消に向けて当事者同士が協力しているか、他者の利害充足による関係性の維持に配慮しているか、というものである。

図5－3のように、自己主張性と協力性という2つの座標軸によって、コンフリクト解消は「回避」「競争」「順応」「妥協」「協創」という5つに分類できる（トーマス＝キルマン・モデル）。

トーマス＝キルマンらは、「協創」が最も創造的なコンフリクト解消の方法だと主張する。マネジャーは、コンフリクトの影響を軽視して「回避」したり、メンバー同士との人間関係に配慮して抵抗勢力に「順応」したり、自身が捉えた問題の正当性や上位者としての権威を持ち出して「競争」したり、ほどほどのところで「妥協」したりする。

マネジャーは、コンフリクトのないスムーズなチーム活動を期待し、コンフリクトが表面化する前にメンバー同士の人間関係の改善に努めたりする。しかし、メンバーと徹底的に対話することによって、共同でより高い次元の解決策を作り出すことができる。

倒産の危機にあった日産自動車を救ったカルロス・ゴーンが１９９９年に最高執行責任者（COO）に就任してまず実施したのは、現場に出向いてコンフリクトの所在を明らかにし、従業員との対話を通して新しい日産を作り出す、協創であった。

ただ「協創」がいつも最高の成果をもたらすとは限らない。たとえば、ある事業部が危機的な状況にあり、コスト削減によって短期間で収益性を向上させる必要に迫られている場合、コスト削減に反対する抵抗勢力と「協創」するよりも、「妥協」「競争」したりする方が、確実に成果を実現できることがある。

コンフリクトの内容や組織の状況などによって望ましい解消法は異なるのが実態で、マネジャーは臨機応変に対応すべきである。

◆良い問題を捉える

官僚制におけるマネジャーの役割は、コンフリクトを含めて職場で起こった例外的な事態に対処することである。ここでマネジャーは、直面している「見える問題」だけでなく、「探す

図5-4◆見える問題・探す問題・創る問題

	発生	認識
見える問題	○	○
探す問題	○	×
創る問題	×	×

出所：筆者作成

問題」「創る問題」にも対処するようにしたい（図5－4）。

○見える問題：すでに発生し、明確に認識できている問題
○探す問題：すでに発生しており、調べたら確認できた問題
○創る問題：まだ発生しておらず、将来を想定して主体的に設定する課題

一例を挙げよう。ある機械メーカーの取引先で不渡手形が発生した。「不渡手形の発生」は、すでに発生し、明確に認識できているので、「見える問題」である。

2度目の不渡手形を出したら倒産し、その機械メーカーに貸倒損失が発生してしまうので、早急に対応しなければならない。営業部門のマネジャーは、担保の取得、回収促進、出荷制限などの対応を取る。

迅速に適切な対応をしたら、取引を正常化することができる。「見える問題」は元の状態に戻すことが解決目標なので、「原状回復型の問題」とも言われる。

ただ、貸倒損失を回避できたら「やれやれ、一件落着」というわけではないだろう。問題には原因があるので、マネジャーは調査・確認する。

調べたところ、この機械メーカーでは、取引先の信用情報の収集など与信管理の仕組みに不備があることがわかった。「与信管理の仕組みの不備」は、すでに発生していたが、調べてみたら確認できたので、「探す問題」である。

マネジャーがしっかり対処したら、与信管理の仕組みが問題発生の前よりも大きくレベルアップする。「探す問題」は、解決すれば組織をより良い状態にするので、「良い問題」と言うことができる。

ところで、この機械メーカーは国内を中心に事業をしてきたが、将来アジアの現地企業に輸出することを検討している。海外の取引先は国内と比べてリスクが大きく、これまでと違った与信管理が必要になるので、プロジェクトを組んで検討を開始した。

「海外取引先の与信管理」は、まだ発生しておらず、将来の事業展開を想定して主体的に設定した課題なので、「創る問題」である。

もしも、「海外取引先の与信管理」を確立できたら、この機械メーカーの海外展開が加速し、成長・発展に繋がるだろう。「創る問題」も「良い問題」と言える。

多忙なマネジャーは、どうしても「見える問題」の対処に終始しがちだ。しかし、それにとどまらず、「探す問題」「創る問題」という「良い問題」に取り組むことが期待される。

図5-5◆下向きの組織、上向きの組織

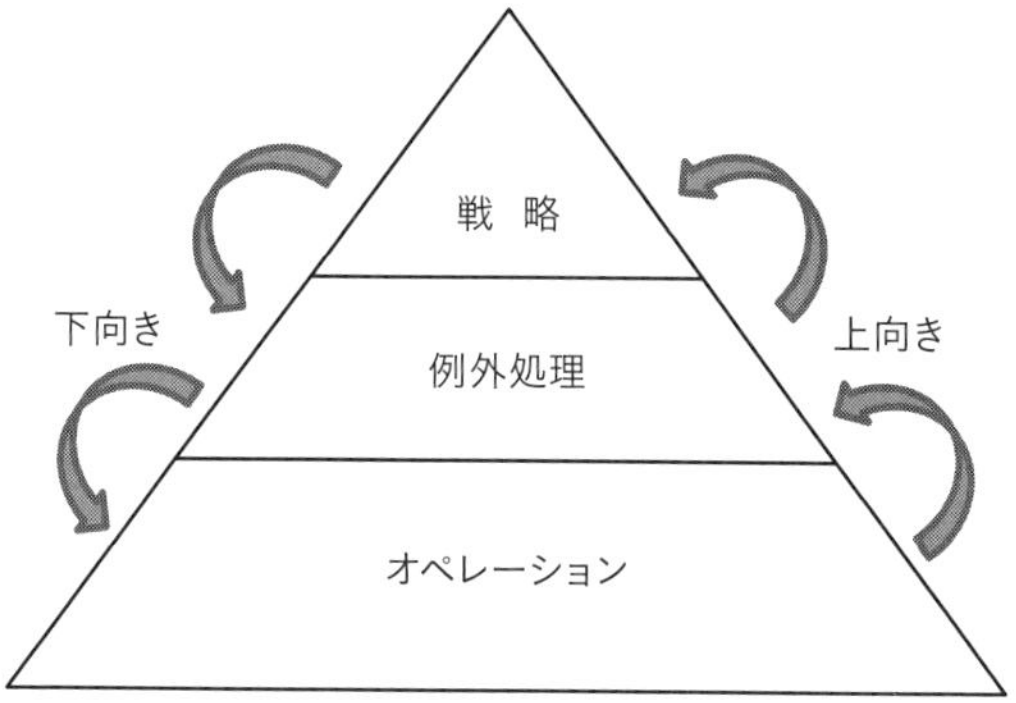

出所：著者作成

◆上向きの組織

マネジャーの職場づくりとして重要な考え方として、〝上向き〟の職場や学習する組織について検討しよう。

第2章で確認したとおり、トップは戦略立案を、ミドルは例外処理を、ロワー・一般従業員はオペレーションを担う。しかし、非効率な職場では、この原則が機能していない（図5－5）。

オペレーションが十分にプログラム化・標準化されていなかったり、ロワー・一般従業員の業務遂行能力が低かったりして、オペレーションが大混乱している。忙しく立ち回っている割に、業務品質が悪く、同じようなミスが繰り返し発生する。

現場のオペレーションが混乱した状態で、ミドルは例外処理に専念できない。ミドルが末端の現場に入って行って、一緒になって手を動かしてオペレーションを手助けしないと、業務が回らない。「現場と一心同体になったミドル」というと聞こえは良いが、オペレーションに忙殺されたミドルは、本来業務の例外処理がどうしてもおろそかになる。

ミドルが例外処理を十分に果たせない状態では、トップがミドルを手助けしないと管理業務が回らない。そこで、トップは現場に降りていって、例外処理を手伝うことになる。超人的なトップでない限り、戦略立案がどうしてもおろそかになってしまう。こうして、トップも含めた組織全体がオペレーションに専念し、誰も戦略を考えなくなる。

非効率な組織では、トップがミドルの仕事をし、ミドルがロワーの仕事をしている。この各階層がワンランク下の仕事をしている状態を〝下向き〟の組織と呼ぶことができる。あるいは、短期業務に忙殺されてトップが長期的な戦略を考えなくなる状態を「計画におけるグレシャムの法則」という。皆が忙しくしている割には成果が上がらず、似たような問題が繰り返し発生する。誰も戦略を考えないので、長期的に発展しない。

優れた組織はまったくこの逆で、〝上向き〟である。オペレーションがきちんとプログラム化されており、ロワー・一般従業員が着実に遂行していく。それだけでなく、ロワー・一般従業員の問題意識や問題解決能力が高いので、ちょっとした例外であれば、いちいちミドルに頼らず、自分で適切に処理してしまう。

ロワーがきっちりオペレーションをこなすだけでなく、例外処理まで一部担当してくれると、ミドルは楽になる。優れた組織では、楽になったミドルは「顧客の満足度を高めるために、今までと違って何をすべきか？」「ライバルに勝つために、どこに経営の重点を置くべきか？」という戦略的なことを考える。つまり、ミドルがトップの役割の一部を分担し、全社的な視点から行動するのだ。

戦略立案の一部をミドルが分担すると、トップに余裕が生まれる。そこで、長期的な戦略を立案したり、社会の中での自社のあり方を考えたりすることができる。一口に戦略と言っても、よりスケールの大きい、より革新的な目標に取り組むことができるようになる。

このように、ロワーがミドルの仕事を、ミドルがトップの仕事を分担し、各階層がワンランク上の仕事をしているのが、〝上向き〟の組織である。

〝上向き〟の組織の代表例として、トヨタがある。トヨタの成功については、色々な人が色々な説明をしているが、組織として問題解決能力を備えていることこそが、他の普通の組織との最大の違いである。

トヨタでは、カンバン方式に代表されるように、現場のオペレーションが独自の思想・システムによって徹底的に無駄を排除してプログラム化されている。それだけでなく、ロワー・一般従業員は、ちょっとした例外であれば、いちいち上長の判断を仰がず、自分で処理する。その代表的な仕掛けが工場ラインにおける「アンドン」である。アンドンとは、ラインの異常などを示す電光掲示板のことで、トラブル発生をライン全体に知らせ、その場で問題解決することを目的としている。この掲示板を操作するのは、他の企業のように管理担当者・監督者でなく、期間工を含めて問題を発見した人である。

現場が上向きになると、トップ・ミドルも上向きになる。トヨタの経営陣は、80年代から北米を中心に海外展開を進め、現地化を推進した。また、自動車産業の中では早くから環境問題に取り組み、環境技術で世界をリードしている。

トヨタというともっぱら合理的な生産システムが注目されるが、各階層がワンランク上の問題解決に率先的に取り組む組織文化を持ち、自発的に問題解決に取り組むのがトヨタの強みである。藤本隆宏はトヨタの強さについて「そこに何が起こっても結局学習してしまうしぶとい組織能力」あるいは「進化能力」と表現している（藤本『能力構築競争』）。

わかりやすい例としてトヨタを取り上げたが、世の中の優良企業は、共通して組織としての問題解決能力が優れている。逆にダメな企業は問題解決能力が低く、組織全体が日々のオペレーションに忙殺され、環境変化に取り残される。

◆上向きの組織、あるいは学習組織をつくるには

上向きの組織というのは著者の造語で、一般的に知名度が高いのは、クリス・アージリスが提起した学習する組織（あるいは学習組織、Learning Organization）である。

アージリスは、組織的な学習に着目し、組織構成員が与えられた課題に対処するのではなく、状況に対応して、自分たちが持っている課題に対する前提や仮説を修正していく学習が企業の競争優位を生み出すことを示した。

上向きの組織、あるいは学習する組織をつくるうえで、現場のオペレーションを管理するマネジャーの役割は重要である。優れたマネジャーは次のような行動を採っている。

①〝良い仕事〟を与える。

第6章で詳しく見るように、従業員はさまざまな要因によって主体的な行動に向けて動機づけられるが、中でも仕事そのものによって内発的に動機づけられる。マネジャーは、従業員に対して〝良い仕事〟を与えるよう留意するべきだ。

〝良い仕事〟とは、前向きな仕事、楽しい仕事、責任の大きな仕事、社会・企業にとって意義のある仕事、従業員のキャリア開発に役立つ仕事である。

もちろん、会社がリストラ中で〝良い仕事〟が少ないということもあるだろう。その場合でも、仕事の目標や全体像を明らかにする、成果を実現しやすいようにするなど、配慮は重要である。

②「場」をつくる。

組織として学習し、ワンランク上の職務に取り組むことを日常化するには、「場」を持つことが有効だ。「場」とは、複数の人が共通する関心・意志を持って継続的に交流する状況である。定例ミーティングやQCサークルのような「場」がまず考えられるが、インターネットのコミュニティなどバーチャルな「場」も有効である。

ワンランク上の問題解決に取り組むことが組織文化になっている企業には、なんらかの特徴的な「場」がある。「場」を持つことによって、情報収集、問題意識の共有、解決策の立案といった問題解決プロセスでの共同作業が行われる。また、参加者同士の啓発・教育といった付随的な機能もある。

従業員の立場や関心などに応じて自然発生的・自発的にインフォーマルな「場」が形成されるのが理想である。冷凍機メーカーの前川製作所は、顧客と協働で顧客の問題点を検討する「場」を持ち、ソリューションを開発・提供している。

しかし、現実には、自然発生で「場」が形成されることは少ない。また、形成されたとしてもなかなか長続きしない。そこで、マネジャーが「場」づくりをお膳立てし、その活動水準を維持するようサポートすることが必要になってくる。

具体的には、「場」の形成と運営に動いてくれそうなキーマンを選んで、主導的な役割を果たすように説得する、「場」の活動に必要な資源（予算・時間・設備など）を与える、というところである。

③学習と成果創出のプロセスを問う。

近年、日本企業では成果主義が広がっているが、上向きな組織では、成果そのものよりも、成果を実現するための学習や正しいプロセスを踏んで活動することを重視している。成果はどうでもよいということではないが、マネジャーは従業員がプロセスを重視し、正しいプロセスを踏むよう指導するべきである。

評価の基準を明確にするとともに、成果とプロセスでどちらを重視するべきか判断に迷うような場合、プロセス、つまり、正しい手順で仕事を進めたか、熱意・創意を持って取り組んだか、という点を重視するべきであろう。

④従業員が行動範囲を広げる取り組みを推奨・評価し、失敗を許容する。

人間には、過去に経験したことを繰り返して行うことによって、リスクを避けようとする傾向がある。黙っていると、自分の得意なこと、できそうなことしかしないようになる。

こうした傾向を改め、従業員の主体的な学習と行動を引き出すためには、従業員が学習と行動の範囲を広げる取り組みを推奨・評価するとよいだろう。経営方針で自発的な取り組みを推奨するとともに、人事評価制度でも挑戦を評価する。

従業員が学習と行動の範囲を広げ、困難な問題、新しい領域に挑戦するようになると、当然失敗するケースが増えてくる。ここでマネジャーが失敗を叱責すると、従業員は自分の殻に閉じこもるようになる。マネジャーは、失敗を許容するべきであり、自身の失敗について語るなど、むしろ積極的に失敗を奨励するとよいだろう。

挑戦して成果を出せなかった人と挑戦せず成果を出した人では、前者を高く評価するべきである。

⑤ダブルループ学習を促進する。

学習には、シングルループ学習とダブルループ学習がある。シングルループ学習は、既存の価値基準や規範のもとで繰り返し行動してエラーを修正し、効率的な実行方法を見つけ出す、適応のための学習である。しかし、シングルループ学習によって当初の目標に達しないという場合、ダブルループ学習が重要になる。ダブルループ学習とは、目標や価値そのもののあり方を検討し、組織が目指す方向を再構築する、創発的な学習である。両方が必要だが、イノベーションを目指すマネジャーは、ダブルループ学習の促進を意識する必要がある。

⑥学習環境を整える。

よい取り組みをしてもなかなか成果が出ない状態が続くと、従業員はやがて挑戦することを躊躇するようになる。実際に成果が出すためには、やはり従業員が成果を出せるように実力を高めることが欠かせない。従業員が継続的に能力を高める努力をするよう、マネジャーは学習環境づくりに配慮するべきである。

マネジャーは、さきほど②で述べた継続的な学習の「場」をつくるほかに、従業員の学習に予算と時間を与える、一般従業員を指導する上長の意識改革を促す、といった点に留意するとよいだろう。具体策については、第4章の人材育成を参考にしてほしい。

◆テレワーク

ここからは、マネジャーの職場運営で近年課題になっている点について考えることにしよう。最初は、テレワーク（リモートワーク）である。

２０００年代からワークライフバランスの推進などを目的にテレワークを導入する企業が一部あったが、２０２０年の新型コロナウイルス感染拡大による出社制限を受けて、一気に普及した。現在、業種・職種にもよるが、完全テレワークでも、完全出勤でもなく、テレワークと出勤を組み合わせている企業が多いようだ。

テレワークでは、コミュニケーションの取り方やコミュニケーション量がこれまでと大きく異なることから、マネジャーの職場運営も大きく変わってくる。次のような点に留意すると良いだろう。

● 個人で完結する単純業務はテレワークの方が効率が高いが、創造的な作業は効率が低下する場合もある。なんでもテレワークではなく、テレワークに向く業務と向かない業務を見極め、限定的に導入する。

- 日本の職場でありがちな「いつものように適当によろしく」という曖昧な指示は、テレワークでは通用しない。業務の内容や実施期限を明確にする必要がある。
- 勤怠管理は、管理システムやパソコンの使用記録などの記録によって機械的に行う。
- パソコンを共有しない、公共の場では紙の書類を含めて情報管理に留意するなど、職場以上にセキュリティに留意するようメンバーを指導する。
- メンバーの行動を逐一把握・監視するのは、物理的に困難である。無理に行動を把握しようとせず、成果を中心に業績を評価する。会社の評価制度が従来のように行動を把握することを前提としているなら、評価制度の改革を人事部門に働きかけるべきである。
- どうしてもメンバーが孤立しやすいので、雑談の時間を設けるなどコミュニケーションを増やす。

◆ワークライフバランス

次に、ワークライフバランスである。

ワークライフバランス（work-life balance、仕事と生活の調和）とは、国民一人ひとりがやりがいや充実感を持ちながら働き、仕事上の責任を果たすとともに、家庭や地域生活などにおいても、子育て期、中高年期といった人生の各段階に応じて多様な生き方が選択・実現できる状態を意味する。

日本では少子化の進行について、男性労働者が長時間会社に拘束され、家庭内で女性と家事を分担しておらず、女性の家事・子育ての負担が大きいことが指摘される。男女共同参画社会をつくることが少子化対策になるという想定から、ワークライフバランスが要請されるようになった。

ワークライフバランスでまず要求されるのは、労働時間の削減であろう。１９８０年代以降、日本企業は労使一体で時短に取り組んだ結果、現在、統計的には先進国の中で日本の労働者の労働時間数が長いわけではない。ただし、統計に現れないサービス残業や飲み会など会社行事や通勤時間を含めると、会社関係の拘束時間は長いと言われる。

マネジャーは、まずワークライフバランスを重視する職場運営の方針を打ち出す必要がある。そして、率先して無駄な会社行事をなくすとともに、部下には不要な残業をしないよう指示する。強制的に定時退社させる「ノー残業デー」の設定や有給休暇の強制取得なども有効である。

ＮＴＴコミュニケーションズでは、２００３年という早い時期から「ワークライフ委員会」を本社と各職場に設置し、全社あげて労働時間削減に取り組んできた。また２００７年からは「ｅワーク」という在宅勤務制度を取り入れ、通信企業の特性・強みを生かし、在宅勤務とモバイル勤務などを組み合わせて時間・場所に捉われない効率的な働き方を推進している。

日本でワークライフバランスというと、「ほどほどに仕事の手を抜いて、早く帰宅すること」という認識がまだまだ有力だが、残業時間や拘束時間が減ればワークライフバランスの目的が達成されたわけではない。マネジャーが最終的に目標とするべきは、従業員が会社以外の時間も充実させることによって、知識・イノベーションが生まれるなど業務に良い影響がもたらされる状態である。「仕事は仕事、家庭は家庭」という昨今の風潮に対し、そもそも何のためのワークライフバランスなのかをマネジャーは問うべきであろう。

◆残業削減への取り組み

マネジャーにとって喫緊の課題となっているのが、長時間労働の抑制・残業の削減である。2015年暮に電通に勤務していた女性新入社員が長時間労働の末に自殺した事件以降、サービス残業や過労死が社会問題化した。政府は2016年9月に「働き方改革実現会議」を立ち上げ、残業削減など働き方改革を推進している。

日本で残業が多い根本的な原因は、厳しい解雇規制にある。事業には好不調の波、業務には繁閑の波があるが、日本の法制度では不調期・閑散期でも解雇・レイオフ（一時帰休）をするのは極めて難しい。そこで企業は、不調期・閑散期を標準として各職場に必要な要員数よりも少な目に実配置し、それ以外の時期は残業(や非正規雇用)で対応する。日本では、月に数十時間の残業があるのは特殊な状態ではなく、普通の状態なのだ。

したがって、残業を大幅に削減するには、解雇規制の緩和など労働基準法の改正が必要で、マネジャーの現場レベルでの対応には限界がある。ただ、マネジャーがこの問題に何も手を打たなくても良いというわけではない。職場のメンバーが短時間で効率よく仕事をして生産性を上げるよう、マネジャーは次のような対応をする。

- **職務の範囲を明確化する。**日本ではメンバー個人の職務範囲やメンバー間の役割分担が不明確で、どこまでやったら仕事が終わりなのかわかっておらず、疑心暗鬼で延々と残業する。無駄な業務を減らすには、各メンバーの職務を明確に定めて、それ以外のことはしないよう監督・指導する。
- **業務を平準化する。**業務分析を行い、繁忙期の業務をその時期でなければいけない業務と他の時期でも対応可能な業務に分類し、後者を閑散期に実施する。
- **8割のデキで完成とする。**パレートの法則(80：20の法則)を業務に当てはめると、ある業務の80％は所要時間全体の20％ででき、100％まで完成度を高める残りの20％に80％の時間が掛かる。マネジャーが80％のデキで妥協すれば、完成度はやや足りないが、時間は大幅に短縮できる。

● **姿勢やマインドを過度に評価しない。** 日本企業は、余計な仕事を率先して引き受ける「気の利く社員」「心がけの良い社員」を高く評価し、長時間労働を助長している。動機・態度よりも、能力主義なら職務遂行能力で、成果主義なら生み出した成果の大きさで評価するようにする。

◆女性活躍

ワークライフバランスとの関連でこのところ注目を集めているのが、女性活躍である。日本では、女性の能力を十分に活用できていない企業が多く、社会的に女性活躍が求められている。また、第3章で紹介したダイバーシティ・マネジメントの観点においても、女性活躍に成功している組織は多様性が確保され、組織に良い影響が生まれている。女性が組織に定着し、活躍しやすくなるよう、企業・マネジャーには次のような対応が求められる。

● **女性を差別せず、できるだけ性別に関係なく職務を与える。** 女性であることを理由に補助的な業務しか与えないのが、女性のモチベーションを低下させる最大の要因である。なお、1999年の労働基準法改正によって、女性の時間外労働・休日出勤・深夜残業に関する制限が撤廃されたが、妊婦や産前・産後休業(産休)の社員についてはそれらの拒否権があるなど、まったく無制限になったわけではないことには注意を要する。

- 性別に関係なく、公正に人事評価をする。とくに、産休・育児休暇の取得者や復帰者、短時間勤務者を昇進・昇給などで差別してはならない。根性主義が支配的な企業では、長時間勤務する者を高く評価することがあるが、性別に関係なく能力や成果を客観的に評価するべきだ。
- 産休・育児休暇の期間中は、残ったメンバーがグループで仕事を分担するなどバックアップ体制を確保することによって、休暇を取得しやすい職場環境にする。
- 子育てと仕事を両立できるよう、短時間勤務制度を取り入れる。また、テレワークを導入する。
- セクシャル・ハラスメントなど、女性の勤務を阻害する悪い職場の体質があれば、厳しく対処し、改める。

◆メンタルヘルス問題と職場づくり

最近の職場運営の課題の最後に、メンタルヘルス(mental health)問題について検討しよう。

近年、労働者が精神面を害するメンタルヘルスの問題がクローズアップされ、企業・マネジャーは対応を迫られている。
日本では、自殺者数が年間約3万人と世界的に極めて多く、うち労働者が毎年8千人〜9千人を占めている。また、精神障害による労災認定件数は、１９９８年にわずか4件だったのが、２０２１年には６２９件に達している。その原因として、長時間労働・業務高度化・成果主義・リストラなどによるストレス増大が指摘されている（以前から多かったが、この問題への注目度が高まった面もあろう）。

こうした状況を受け、２００８年に施行された労働契約法は、企業に労働者の安全への配慮を義務付けている。企業には、メンタルヘルス・ケアを積極的に推進することを表明するとともに、衛生委員会などにおいて十分調査・審議を行い、「心の健康づくり計画」を策定することが求められている。

衛生委員会などの運営や「心の健康づくり計画」、あるいは計画に基づく産業医・保健スタッフの導入・運営は人事・厚生部門の役割である。ただし、職場での日常のメンタルヘルス・ケアにおいて、部門のマネジャーが果たすべき役割は大きい。

つまり、メンタルヘルス問題では、会社の期待水準に達しない特殊な従業員への対応という、個人の問題という側面が強調されやすい。もちろん、メンタルヘルス不調の部下に対する個別の対応も重要なのだが、マネジャーは、従業員が働きやすい活力ある職場を作る必要がある。働きやすい活力ある職場とそうでない職場では、メンタルヘルスの発生頻度が大きく異なることが確かめられている。

マネジャーは、メンタルヘルス問題を防止するために、次のような職場づくり、職場運営を心がけるべきである。

- **コミュニケーションの機会を増やし、従業員同士が理解を深めるようにする。**メンタルヘルス問題が発生する職場では、従業員が孤立している場合が多い。ミーティングのような改まったものだけでなく、従業員同士がちょっとしたときに一声かけるような、日常のコミュニケーションを促すと良い。
- **チームワークの機会を増やす。**従業員を孤立させないためには、単独で業務を遂行するよりも、チームで活動するのが有効である。
- **前向きな業務を増やす。**クレーム処理のような事後処理的な業務と新製品開発のような前向き・挑戦的な業務では、前者に従事する場合の方がメンタルヘルス問題の発生確率が高い。もちろん、クレーム処理の専門部署のような場合、前向きな業務を増やすのは難しいが、業務プロセス改善など前向きな課題を与えたり、顧客・他部門からの感謝の声を伝えたりするなどの工夫の余地はあろう。
- **業務に期限を設け、従業員に見通しを持たせる。**従業員が精神的に追い詰められるのは、業務の中身もさることながら、業務に先が見えない場合である。つらい仕事でも、「今月中で終わるんだ」と見通しが立てば、耐えることができるものだ。同じ意味で、人事のローテーションも有効である。

◆メンタルヘルス不調の部下への個別の対応

マネジャーには、職場づくりだけでなく、メンタルヘルス不調の部下に対する個別の対応も求められる。

マネジャーによる個別のケアでまず大切なのは、「いつもと違う」部下に早い段階で気づくことである。メンタルヘルス不調の兆候となる「いつもと違う」状態は、遅刻、無断欠勤、ケアレスミスの増加といった些細な事がらである。こうした兆候に早期に気づくには、マネジャーは日頃から部下に関心を持って接し、いつもの行動様式や人間関係の持ち方を把握しておく必要がある。メンタルヘルスの兆候だと疑われる場合、自分で判断せず、産業医・保健スタッフに相談することが望ましい。

次に、日常的に部下からの相談を受け付け、対応する。部下が問題を心の中に抱え込まず、マネジャーに自発的に相談してくるようになるには、相談しやすい環境や雰囲気を整える必要がある。部下が気持を開いてくれるよう、部下の話しをしっかり聞く積極的傾聴が何より求められる。話をろくに聞かず「どうしてそんなことで悩むんだ」などと叱責するのが、最も不適切な対応である。

さらにマネジャーに求められるのが、メンタルヘルス不調の部下の職場復帰への支援である。マネジャーは復帰した部下に戦力として働いてほしいが、長期にわたって休業していた復帰者に、いきなり発病前と同じ質、量の仕事を期待するのは無理がある。復帰者の状況に合わせて職務の要求水準を下げるなど、不安を持っている復帰者の緊張・不安を和らげることが大切だ。そのためには、周囲のメンバーに復帰者に対する配慮を求めることも重要である。

ケースの解説

このケースは、職場の形成期から混乱期に至る段階でのコンフリクトの問題を扱っている。佐久間としては、半年経って期初の目標が未達成である点が気になるだろうが、それだけでなく、チームとしての部の活動に問題がないかどうかを検討する必要がある。

目標未達成の原因として、半年前に佐久間が課長以下と共同で目標・計画づくりをせず、現実離れをしたものであった点、その後の進捗フォローが足りなかった点などを指摘できよう。それはさておき、なぜ課の実態を良く知るベテランの課長たちが佐久間の非現実的な目標を受け入れたのか、そもそもなぜ畑違いの佐久間が総務部長になったのか、今後佐久間は状況にどう対処するべきなのか、といった疑問がある。

まず、課長たちが佐久間の非現実的な目標を受け入れたのは、総務部にはＰＤＣＡを回す文化・仕組みがないということだろう。ＰＤＣＡや業績評価がしっかり行われている組織なら、課長以下は過大な目標を負わされ、後日厳しい評価を受けることを恐れ、反発するはずだ。佐久間の前任の部長の管理スタイルについては不明だが、おそらくＰＤＣＡを回すことをせず、ゆるやかな職場運営をしていたと推測できる。

営業関係のキャリアしかない佐久間が総務部長に就任したのは、こうした総務部のあり方を根底から変えることを期待されていると考えられる（実際は、たまたま総務部長のポストが空いていたから、という事情も考えられるが、佐久間の認識としては）。会社の状況は厳しく、総務部といえども業績への貢献が求められており、総務部の役割、仕事の進め方を抜本的に変えることが期待される。

今後佐久間が採るべき対応は、コンフリクト・マネジメントの観点から考えると良いだろう。半年経った現在、佐久間と課長はコンフリクトの状況にある。佐久間は「仕事の基本はＰＤＣＡだ、しっかりした数値目標を掲げて計画的に実現に向けて取り組むべきだ」と考え、課長らは「営業はそうかもしれませんが、総務は違います。総務は関係各部に知識サービスを提供するのが役割で、ＰＤＣＡはなじみません」と内心反発している。ただ、正面衝突には至っておらず、現在は「回避」の状態である。

基本的には「協創」、つまり、部長・課長の双方が問題意識・主張を明らかにして、お互いが協力しながら、新しい総務部のあり方を検討するべきであろう。

前任の物わかりの良い部長だったら、こうしたコンフリクトは発生しなかっただろうが、一方で組織の発展はない。畑違いの佐久間によってコンフリクトが発生し、適切に対処できれば、総務部はガラッと変わることだろう。コンフリクトは悪いことではなく、良いことなのである。

検討課題

1. あなたの職場の状況・特徴を分析せよ。経営戦略の実現のために合理的な編成が行われているか。また、集団凝集性や集団規範においてどのような状態か。
2. 現在、あなたの職場はチーム成長のどの段階にあるか。
3. あなたの職場にはどのようなコンフリクトがあるか。コンフリクトを正面から捉え、協創によってコンフリクトを職場の改革の契機とすることができているか。
4. あなたの職場は1つ上の仕事をする上向きの組織、学習する組織になっているか。また、そうなるように、あなたはマネジャーとしてどのような働きかけをしているか。
5. あなたはワークライフバランスを意識し、効率的な職場運営を行っているか。
6. あなたは女性を公平に扱い、女性が活躍できる職場づくりをしているか。

7. あなたは働きやすい活力ある職場づくりをし、メンタルヘルス問題の防止に努めているか。

第6章 リーダーシップと個人への働きかけ

▼マネジャーは、目標達成のために部下など個人に働きかける。状況に応じたリーダーシップ・スタイル、バランス良いパワーの行使、仕事を中心としたモチベーション、双方向型のコミュニケーションが期待される。

case 非の打ちどころのない部下

大町明夫は、大手アパレル・メーカー、サンロードの営業統括部で昨年から営業企画課長をしている。

アパレル業界では、低価格の海外ファースト・ファッションが国内市場に参入するなど、乱戦の気配を強めている。ただサンロードは、ややハイエンドのニーズを対象に斬新なデザインで差別化しており、今のところ業績は順調である。

営業企画課の主な役割は、経営陣が打ち出す営業方針に沿って全国の各支店に営業予算を配分し、実績を管理することである。また、支店からの要望を吸い上げることも期待されている。

好調な会社の状況を受け、営業企画課に差し迫った大きな問題はないが、大町が個人的に気にしているのは、部下の石川英一郎のことである。

石川は入社10年目、32歳の係長で、支店の販売実績管理を担当する管理チームの3名の中でチーム・リーダーをしている。石川について人事部から「当社を背負って立つリーダー候補なので、大切に育てて欲しい」と大町は聞かされている。

実際、石川は実務能力が高く、能率的に業務をこなす。大町は、管理チームにはかなり細かいレベルで営業実績の集計・分析を要求しているが、石川は大町の期待に十分に応えている。性格も社交的で、他の課員や支店の担当者からの人望もある。入社以来一貫して人事評価が高く、昨年、同期入社の標準より2年早く係長に昇格した。もちろん、石川のことを大町は買っており、今年春から部内では最年少でチーム・リーダーを任せている。

このように一見非の打ちどころのない石川だが、大町の目には会社や業務に対するコミットメントに問題があるように感じられる。

つまり、能力が高い石川は、全力を出さなくても、手早く仕事を終える。他のチームメンバーが残業していても、自分のやるべきことが終わったら、さっさと退社してしまう。もちろん、他メンバーにはきちんと指示を出すし、緊急時など厭わず遅くまで残業をするので、業務が滞ることはないのだが、大町だけでなく他の課員も、「石川は非の打ちどころがないけど、サンロードの社員としてはちょっと異質だな」という印象を持っている。

さっさと定時退社して、石川が何をしているかというと、他社の若手・中堅ビジネスパーソンとの異業種交流や福祉関係のボランティアなど、社外活動に精を出しているらしい。

気になった大町は、ある日、石川の社外活動について聞いてみた。すると、「いろいろ取り組んでいますが、それほど面白いと思ってやっているわけでありません」という、ちょっと意外な説明だった。

それを聞いた大町は、反射的に「そんな程度の社外活動なら、もっと社業に集中すべきじゃないのか。しっかりしろよ。期待してチーム・リーダーを任せているんだから」と詰問口調で石川に迫った。

◆「決める」ことと「導く」こと

この章では、マネジャーが個々の組織構成員に働きかける活動、とりわけリーダーシップのあり方について考える。本書では、組織という大きな舞台から始まって、徐々に範囲を狭めてきたが、最後にマネジャー個人の行動のあり方を検討する。

組織構成員は、リーダー、フォロワー、プロフェッショナルという3つのタイプに分類することができる。

●リーダー(leader)…組織の上に立って、他の構成員に働きかけて、組織を引っ張っていく(lead)存在。

●フォロワー(follower)…あるいはメンバー(member)。リーダーの導きに従って(follow)、組織の運営を担う存在。一般に、組織の中で人数的に最も多いのはフォロワーである。

●プロフェッショナル(professional)…あるいはスペシャリスト(specialist)。人の上に立ったり、下にいたりするのではなく、自らの判断にしたがって、専門スキル(professional skill)を組織に提供する存在。

日沖健『歴史でわかるリーダーの器』

マネジャーは、リーダー、フォロワー、プロフェッショナルの3つの側面を持っている。つまり、マネジャーは、部門・職場の責任者の役割を担ってリーダーとして活動するが、経営トップの指示に従って動く、フォロワーの側面がある。また、近年は、いわゆるプレイングマネジャーとして、営業・研究開発・経理といった専門職務を担うプロフェッショナルとしての役割が期待されるようになっている。

この3つの中でどれに比重を置くかは、個々のマネジャーによって異なるが、ここでは職場の部下をけん引するリーダーとしての側面を中心に考えていくことにしよう。

リーダーは、組織の中でリーダーシップを発揮して活動する。リーダーシップとは、目標を達成するためにメンバーを指導・援助する行動であり、大きくは「決める」ことと「導く」ことの2つである。

「決める」とは、組織が進むべき方向を示すことで、ビジョン・経営戦略・経営計画といった戦略的意思決定を意味する。意思決定は組織のあらゆる階層で行われるが、中でも「あっちを立てればこっちが立たない」という決断は、リーダーが責任もってやるべきことだ。

「導く」とは決めたことを実現するために関係者を巻き込んでいくことで、指示・命令、コミュニケーション、コンフリクトの解消といったさまざまな行動によって実現する。

リーダーの役割については、色々な学者・実務家が色々なことを指摘しているが、表現の違いはあれ、大きく「決める」ことと「導く」ことの2つに集約される。「決める」ことと「導く」ことの2つに卓越し、高い業績を生み出すことができるのが優れたリーダーということになる。

そのために、リーダーはどのような条件を満たすべきだろうか。まずリーダーシップを巡る過去の研究を振り返りながら、考えてみよう。

◆資質論から始まったリーダーシップ研究

優れたリーダーのあり方を巡る議論は、古くはプラトンの『国家論』などに起源を求めることができる。

１９２０年代に始まった近代的なリーダーシップ論の初期の研究は、資質論あるいは特性論であった。つまり、基本的にはプラトンの延長線上で、優れたリーダーに共通する望ましい資質・特性を特定しようという試みであった。

ラルフ・ストッグディルは、優れたリーダーの特性として、５つの要素を指摘した。

①能　力：知能、機敏さ、表現力、判断力、創造性
②素　養：学識、経験、体力
③責　任：信頼性、率先力、持続性、自信、優越欲
④参加性：活動性、社交性、協調性、適応性、ユーモア
⑤地　位：各種地位、人気

ただし、こうした資質論の研究は、特性を定義するのが難しいこと、特性と業績の因果関係が明確でないことなどの問題点が露呈し、あまり深まらなかった。ストッグディル自身も、資

質論の限界を認めている。

◆大局観・胆力・成熟

このように、学問的研究としては早々に頓挫した資質論だが、資質、とくに人間性など人間的資質が人の上に立つリーダーにとって重要であることは、多くの企業人が実感しているところだろう。

マネジャーが、次節の行動理論で示すような適切な行動を取っていたとしても、部下などメンバーから十分に信頼を得られないということがよくある。その原因としては、マネジャーの人間的な資質に問題があることは多い。部下など関係者は、マネジャーの表面的な言動だけでなく、その背後にある人間そのものを見て、「この人を信じて付いて行こう」とか「言っていることはもっともだけど、この人にはちょっと付いていけない」と判断するのだ。

改めて、リーダーにとって必要な資質とは、具体的にどのようなものだろうか。

産業能率大学の２００３年の調査研究によると、人間的資質は大きく「大局観」「胆力」「成熟」の３つに分かれ、11の要素に細分化できるという。

○大局観：歴史的な連続性の中で事象を捉え、独自の解釈で全体像を読み解いていく。

●独自の洞察…一般論をそのまま取り入れず、自分なりの見方でものごとを解釈する。

●潮流の把握…世の中の動きに目を向け、過去から未来への大きな流れを捉える。

●多角的分析…短絡的に思考せず、さまざまな角度からものごとを検討する。

●柔軟な視点…人や社会に対して関心を寄せ、幅広く情報を受け入れる。

○胆力：自分を信じ、腹を据えて決然とものごとに取り組む。

●挑戦…どのような困難があっても、覚悟をもって果敢に取り組む。

●決断…難しい局面でもひるまず、自らの責任で決定する。

●信念…障害があっても安易に妥協せず、自分が信じることを貫く。

●自負…仕事に限らない幅広い活動を通じて、確固たる自信を醸成する。

○成熟：いかなる状況でも自分を見失うことなく、落ち着いている。

●確立した自我…周囲に流されない揺るぎない自己を持っている。

●情緒の安定（ストレス耐性）…困難や重圧に屈しない安定した気持ちを持っている。

●真摯な態度…場当たり的で無責任な言動を慎む誠実さを持っている。

ポイントは、「大局観」「胆力」「成熟」のバランスである。

リーダーの意思決定、「決める」ことは、多くの場合決断である。決断とは、「A事業に重点的に育成するために、B事業には我慢してもらおう」というように、意思決定の中でも〝あっちを立てればこっちが立たない〟という矛盾する性質のものだ。リーダーが優れた決断を下すには、枝葉末節に捉われず「大局観」を持って考察し、「胆力」を持って決定しなければならない。とくに、大局的な視点から「事業とはかくあるべし」という自分なりの価値基軸を持つことが、決断のためには欠かせない。

そして、その決断に人が付いてくる。つまり「導く」ためには、スケールが大きく人間的に安定していること、「成熟」が必要になる。メンバーは、リーダーの人間性を見て、決断に付いていくかどうかを判断するのだ。

リーダーが「決める」ことと「導く」ことの両方に卓越するには、「大局観」「胆力」「成熟」のうちどれか1つというのではなく、3つをバランスよく備えることが大切だ。

◆行動理論の2つの軸

資質論に続いて登場したリーダーシップ論が、行動理論である。

リーダーが資質論で紹介した資質・特性を備えることは大切だが、逆に、資質がなければリーダーは務まらないのか、という疑問が出てきた。資質は経験や学習によって培われる部分もあるが、持って生まれたものに依存するところが大きい。資質論を突き詰めると、「リーダーには、なれる人はなれるが、なれない人はなれない」「人材をリーダーになるよう育成す

図6-1◆マネジリアル・グリッド

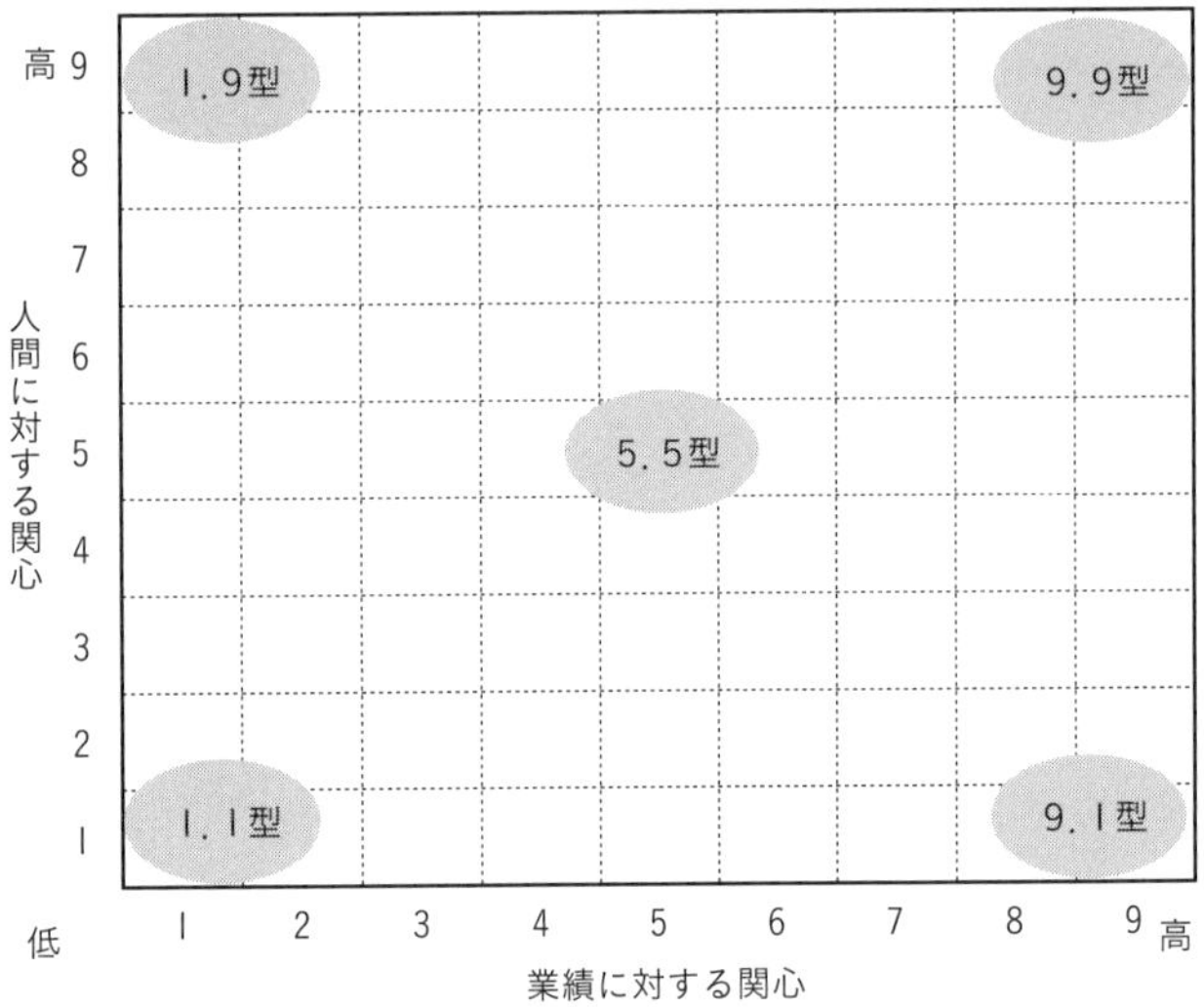

出所：ムートン『期待される管理者像』

るよりも、資質を持った人材を選抜することの方が重要だ」という議論に発展する。しかし、一握りの天才にしかリーダーは務まらないというのは現実的ではない。

そこで、1950年代に登場したのが行動理論である。簡単に言うと、「資質のあるなしにかかわらず、リーダーとして好ましい行動を取ることができれば良いではないか」ということだ。行動理論は、リーダーシップ・スタイルというテーマで、このリーダーとして好ましい行動のあり方を追究した。

リーダーシップ・スタイルに関するさまざまな研究から見出されたのが、「人（または関係）」と「仕事（または業績)」という2つの軸である。つまり、リーダーの行動は、マネジメントの対象として部下など人を重視するか、仕事を重視するか、という違いで特徴づけられるということである。

これをわかりやすく整理した著名な研究成果がロバート・ブレイクとジェーン・ムートンのマネジリアル・グリッド(図6－1)である(これに類似したものとして、三隅不二のPM理論も有名である)。ブレイク＝ムートンによると、リーダーは次の5種類に類型化できる。

- ●1・1型…業績にも人間にも無関心な放任型リーダー
- ●1・9型…業績を犠牲にしても人間への関心が高い人情型リーダー
- ●9・1型…人間を犠牲にしても業績最大化への関心が高い権力型リーダー
- ●5・5型…業績にも人間にもほどほどな関心を示す妥協型リーダー
- ●9・9型…業績にも人間にも最大の関心を示す理想型リーダー

ブレイク＝ムートンは、9・9型のリーダーが率いる組織が最も生産性が高く、理想的なリーダーだと主張している。マネジャーは、この9・9型に近づけるよう、業績と人間の両面に配慮し、バランスよくリーダーシップを行使するべきである。

そのためには、まず自分がどのタイプに属するのかを正確に自己認識する必要がある。企業研修などの場でマネジャーに「あなたはどのタイプに近いですか?」と尋ねると、9割以上が

「まあ5・5型ですかね」と回答するが、リーダーシップ・スタイルはもっと多様かつ特徴的なはずだ。少なくとも左下から右上の45度線を引いたとき、自分が線よりも左上に位置するのか、右下に位置するのかを自己認識しておくのは、リーダーシップ行動を変えるためにも、リーダーとして能力開発を進めるうえでも大切なことだ。

◆コンティンジェンシー理論

行動理論によってリーダーシップ研究は飛躍的に発展した。とくに、マネジリアル・グリッドは広く紹介され、企業の実務にも大きな影響を与えた。

しかし、１９５０年代後半になると、9・9型のリーダーが万能なのか、という点が問題視されるようになった。たしかに統計を取ると9・9型のリーダーの率いる組織が最も生産性が高いのだが、いつ、いかなる状況でも9・9型のリーダーが優れているというわけではないだろう。

たとえば、危機的な経営状態に直面し、思い切ったリストラを短期間に進めねばならない切迫した状況では、9・1型のリーダーが強引に推進する方がうまく行く。研究所で、研究員一人ひとりの問題意識や能力が高く、自分なりのテーマを持ってしっかり活動できているような場合、リーダーは1・9型で人間関係を中心にゆるやかに管理した方が業績は上がる。

図6-2◆コンティンジェンシー理論

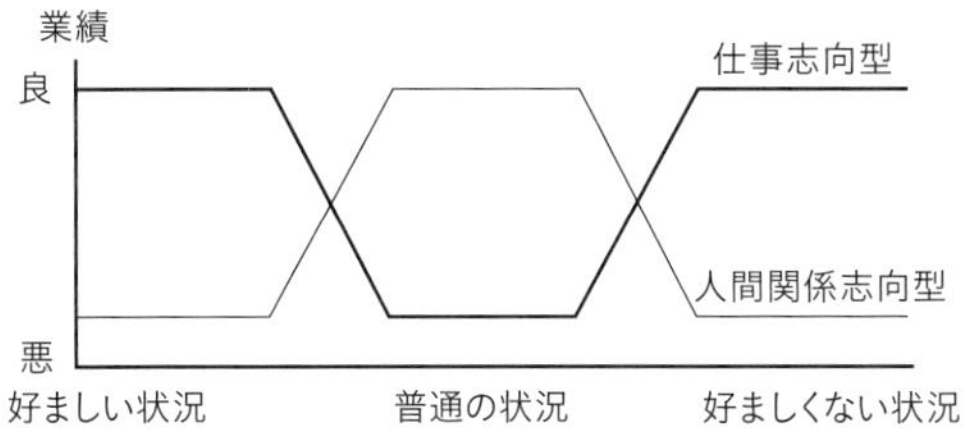

カテゴリー	1	2	3	4	5	6	7	8
上司と部下の関係	良い	良い	良い	良い	悪い	悪い	悪い	悪い
仕事の構造	高い	高い	低い	低い	高い	高い	低い	低い
職位の権限	強い	弱い	強い	弱い	強い	弱い	強い	弱い

出所：Stephan Robbins, 'Organizational Behavior'

つまり、理想のリーダーシップ・スタイルは存在せず、好ましいリーダーシップ・スタイルのあり方は状況によって異なるということだ。行動理論の発展型として、リーダーシップが有効な状況を探るアプローチをコンティンジェンシー理論（contingency theory）、あるいは日本語で状況適合論などという。

フレッド・フィードラーは、リーダーシップ・スタイルを仕事志向・命令的リーダーシップと人間関係志向・参加的リーダーシップに類型化し、どちらが有効かを決める環境変数として、①部下と上司の関係が良好か、②仕事の構造が明確か、③リーダーの持つ職位の権限が強いか、という3つを特定した。3つのカテゴリーとリーダーシップの有効性は、図6-2のように整理できる。

たとえばカテゴリー2の上司と部下の関係が良く、仕事の構造が高く、職位の権限が弱い場合、仕事と志向だと業績が良く、人間関係志向だと業績が悪い。

コンティンジェンシー理論によると、マネジャーは、理想とするリーダーシップ・スタイルを追い求めるのではなく、自分が率いる部門・職場の状況を把握し、状況に応じてリーダーシップ・スタイルを柔軟に変化させる必要があるということだ。

◆リーダーシップ論の多様化

こうした変遷を経て、1970年代から1980年代には、変革型リーダーシップ、カリスマ・リーダーシップ、サーバント・リーダーシップなど、さまざまなリーダーシップ論が出現している。

70年代に入ってアメリカ経済が低迷すると、職場の状況に受動的に対応するリーダーではなく、カリスマ的な強いリーダーが渇望されるようになった。カリスマ・リーダーシップは、超人的な資質を持ったカリスマ的なリーダーが、その能力・資質を前面に打ち出して組織を強力にけん引するべき、という考え方である。

つづいて80年代からは、ジョン・コッターらによって変革型リーダーシップが提唱された。変革型リーダーシップは、カリスマ・リーダーシップと重なる部分が多いが、強いリーダーが革新的なビジョンを打ち出し、組織変革を先導するべき、という主張である。

その一方、知識労働者が経済の主役になり、労働者の価値観や働き方が多様化すると、リーダーが従業員を上から強力に引っ張るよりも、従業員が力を発揮するためにいかに貢献できるかが課題になった。こうした、従業員を支援するリーダーのあり方がサーバント・リーダーシップ論である。ロバート・グリーンリーフは、「リーダーである人は、まず相手に奉仕し、その後相手を導くものである」と主張している。

このように、色々な学者・実務家が思い思いに持論を主張した結果、リーダーシップ論は混とんとした状況になり、リーダーシップ論そのものへの信頼が低下するに至った。

◆ソフトなリーダーシップ論

こうした変化を受けて、近年、ソフトなリーダーシップ論が学界で流行している。ソフトなリーダーシップ論は著者の造語で、組織の前面に立つ強いリーダーではなく、メンバーと良好な関係を構築し、メンバーが創造的な活動をできるよう側面支援するようなリーダーを推奨する考え方である。

その代表が、ジョージ・グラーエンらが提唱したＬＭＸ理論(Leader-Member eXchange)である。それまでのリーダーシップ理論がリーダーの特性や行動に焦点を当てていたのに対し、ＬＭＸ理論はリーダーとメンバー（フォロワー）の交換関係に着目し、リーダーシップの有効性は、リーダーがメンバーと良好な交換関係を築くことができるかどうかによって決まると考える。

リーダーは、役割期待をメンバーに求める。と同時に、その役割期待に対する内的・外的報酬をメンバーに提供する。メンバーは、報酬に見合った貢献をリーダーに対し提供する。リーダーとメンバーは、どちらかが一方的に指示・命令するのではなく、互いに影響を与え合うプロセスを繰り返していく。

ＬＭＸ理論に端を発して、メンバーの職務満足や組織コミットメントの研究が行われ、リーダーシップ論というよりもフォロワーシップ論が隆盛している。

ただ、学問的なトレンドはともかく、ビジネスの現場でソフトなリーダーシップ論がどこまで有効なのかは疑問だ。厳しい経営環境の中、大胆な改革が求められている多くの日本企業において、マネジャーは「部下と仲良くやっていきましょう」だけでは済まされないはずだ。コンティンジェンシー理論が明らかにしたように、部下を強引に引っ張る場面と良好な関係づくりをする場面を使い分ける必要があるだろう。

◆パワーの源泉と行使

マネジャーは、リーダーシップを発揮するために、パワー（power）を行使する。パワーは他者に与える影響力のことで、マネジャーは、部下などを「導く」ために、適切にパワーを行使する必要がある。

ジョン・フレンチとバートラム・ラーベンによると、パワーには「強制的パワー」「報酬的パワー」「正当的パワー」「専門的パワー」「同一的パワー」の5種類があるという。その後、これに「情報的パワー」が加わり、6種類といわれるようになっている。

①強制的パワー……相手に処罰を与える権限・能力によるパワー
②報酬的パワー……相手に対して報酬を与える権限・能力によるパワー
③正当的パワー……公式の地位・役職によるパワー
④専門的パワー……専門的な知識によるパワー
⑤同一的パワー……相手が憧れ、同一視したときに生まれるパワー
⑥情報的パワー……情報を持ち、コントロールすることによるパワー

このうち、①から③は、権限規程など何らかの形で組織から公式に定められているので、公式のパワーという。一方、④⑤⑥は属人的なものであり、非公式のパワーという。

マネジャーにとって大切なのは、公式のパワーと非公式のパワーをバランスよく備え、行使することだ。とくに、公式のパワーに依存し過ぎず、非公式のパワーを維持・向上させることは大切だ。

担当者として実務を担っていた若い頃は、専門的パワーや情報的パワーが自然に培われる。

しかし、役職が上がると、組織から公式のパワーを付与される一方、現場から遊離するようになり、非公式のパワーが落ちていく。

「専門的なことは、その方面に詳しい若手に任せれば良いではないか」と、非公式のパワーを軽んじるマネジャーが多いが、これは危険な考え方だ。部下は、公式のパワーにはしぶしぶ従うだけで、心から従うのは非公式のパワーの方である。もちろん、組織の末端の事細かなことまで知識・情報を仕入れるべきということではないが、現場で何が起きているかについて肌感覚で判断できること、パワー維持のために努力する姿勢を見せることは、部下からの信頼を得るうえでも欠かせない。

◆マネジメントの前提となる人間観

パワーを行使して部下など関係者に働きかけるうえで大切な事がらに、モチベーション(motivation：動機づけ)がある。第1章で確認したとおり、労働者の生産性はモチベーションのあり方に大きく左右される。マネジャーは、モチベーションの理論・技法を知り、部下など関係者のモチベーションの維持・向上に努めねばならない。

モチベーションの代表的な理論と現代のマネジメント実務への示唆を確認しよう。

まず、マネジメントの前提となる人間観として、ダグラス・マグレガーのX理論・Y理論がある。

- Ｘ理論…人間は本来なまけたがる生き物で、責任を取りたがらず、放っておくと仕事をしなくなる、という性悪説の考え方。
- Ｙ理論…人間は本来進んで働きたがる生き物で、自己実現のために自ら行動し、進んで問題解決をする、という性善説の考え方。

フレデリック・テーラーが１９１０年代に開発した科学的管理法では、Ｘ理論が前提とされていた。つまり、作業現場での動作と時間の標準に基づいてノルマを設定し、ノルマを達成した場合は単位あたりの賃金を割り増しして支払い、未達成の場合は割り引く。このような差別的出来高給によって、従業員のモチベーションと生産性を高めることができると考えた。ちなみに、経済学の前提であるホモ・エコノミクスも、最小の犠牲で最大の効用を得ようとする人間類型で、Ｘ理論とほぼ同じである。

このように、初期のマネジメントや経済学がＸ理論で人を機械と同じように考えるのとは対照的に、現代のマネジメントはＹ理論を前提にしている。

ここで前提というのは、すべての人間がＹ理論だということではない。組織にはＸ理論の従業員もいれば、Ｙ理論の従業員もいるだろう。また、一人の個人についても、あるときはＸ理論、あるときはY理論と変化することがあるだろう。X理論もY理論も混在しているのが実態だが、Y理論を前提にマネジメントを実践する方が総体的にはうまく行くということだ。

その最も典型的な例がMBOである。MBOは、従業員が自ら挑戦的な目標を立てるものと想定しており、Y理論を前提にした制度である。実際にはMBOを導入すると、低い目標を掲げて成果を強調するX理論の従業員が出現するのだが、それは例外的であり、多数を占めるY理論の従業員を想定して導入する方が組織全体としては効果を発揮するのである。

◆ホーソン実験と人間関係論

人を機械と同じように考える科学的管理法へのアンチテーゼとして出てきたのが人間関係論である。

エルトン・メーヨーとフリッツ・レスリスバーガーは、ウエスタン・エレクトリック社のホーソン工場において有名なホーソン実験を行った。実験実施前、メーヨー＝レスリスバーガーは労働者の生産性は作業環境のような物理的要因に左右されるのではないかという仮説を持っていたが、実験から得られたのは、それと反する次の3点であった。

①生産能率を左右するのは、作業環境や賃金などの物理的要因ではなく、従業員の感情や態

度などの人間的要因である。

②従業員が組織の中において、自分の存在意義や誇りを感じようとしている。

③組織の中に自然発生的に非公式グループが発生する。

メーヨー＝レスリスバーガーによると、モチベーションの決定要因として重要なのは、非公式な人間関係などの職場環境だということだ。

人間関係論に対しては、研究の手法や結論などを巡って、モチベーションの特定の側面に注目しすぎているのではないか、という批判がある。たしかに、後ほど紹介する動機づけ・衛生理論などに見るように、モチベーションは多面的であり、人間関係はその1つの要因に過ぎない。

しかし、今日の職場でも、会社を自発的に退職する従業員は、給与や担当業務内容よりも、職場での人間関係に不満を持っている場合が多い。従業員のモチベーションを低下させる要因の説明として、人間関係論の議論は説得力がある。

◆欲求階層説

次にモチベーションに関する古典的な学説としてアブラハム・マズローの欲求階層説（ある

図6-3◆欲求階層説

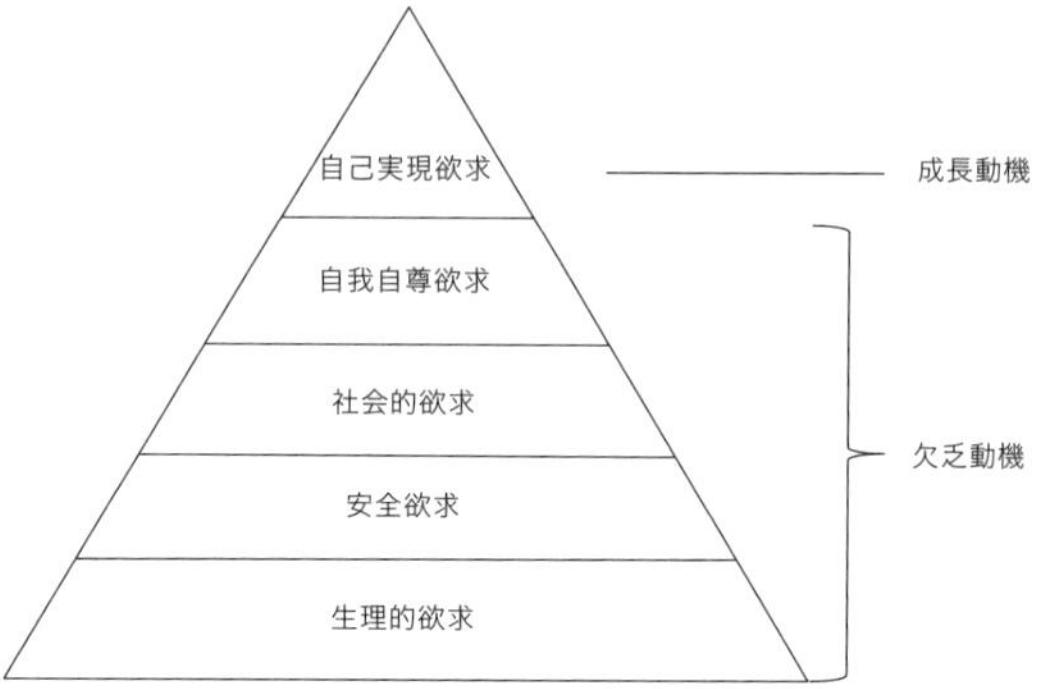

出所：マズローのアイデアを元に著者作成

いは欲求5段階説）を紹介しよう。

マズローは、人間の欲求には次の5つがあり、それらは図6－3のように階層構造をなしていると主張した。

①生理的欲求（physiological）…人の基本的欲求であり、食事、睡眠、休息などに対する欲求。

②安全欲求（safety）…安全な状況を求めたり、不確実な状況を回避しようとする欲求。

③社会的欲求（love/belonging）…集団への所属を求めたり、友情や愛情を求めたりする欲求。

④自我自尊欲求（esteem）…自己の価値や自尊心を実現したいという欲求。

⑤自己実現欲求（self-actualization）…自己の成長や発展の機会を求めたり、独自の能力の利用および潜在能力の実現を求める欲求。

マズローは人間が行動を起こす理由（動機）として大きく2段階があると考えた。

1つは「欠乏動機」である。欠乏動機とは「何かが足りない」という欠乏状況を充足させることが、モチベーションの源泉になるというもので、①生理的欲求、②安全欲求、③社会的欲求、④自我自尊欲求の4つから構成される。

もう1つは「成長動機」である。これは欠乏動機である4つの欲求が満たされると、人が行動を起こす動機は「自分の能力を活かしてさらに成長したい（自己実現欲求）」というレベルまで達するというものだ。

このようにマズローは、低次の欲求が満たされると段階的に高次の欲求が満たされるようなるという仮説を示した。

実際には、②安全欲求や③社会的欲求が十分に満たされていないフリーターがボランティア活動に打ち込んで一足飛びに⑤自我実現欲求の充足を目指しているように、マズローの仮説が当てはまらないことが多いようだ。

ただし、5つの基本的な欲求の存在を明らかにしたこと、それらが階層構造をなしていると示したことは、マズローの慧眼である。

◆従業員の自己実現をどこまで支援するか

仕事に対する欲求は、時代とともに変化する。とくに若い世代では敏感に変化が表れる。戦後の貧しかった時代には、生理的欲求・安全欲求が満たされれば、従業員は満足した。しかし、高度成長では、社会的欲求や自我自尊欲求の充足を求めるようになった。さらに最近は、自己実現欲求の充足を求める傾向が強まっている。傾向としては、マズローの仮説通りの展開になっている。

こうした変化に対応し、近年、従業員に自己実現の場を提供することを標榜する企業が増えている。しかし、企業が従業員の欲求にどこまで応えるかは、慎重に考えるべきことである。たしかに、自己実現欲求を含めて企業の中ですべての欲求が充足できれば理想だが、現実は極めて困難である。企業では階層化の原則で戦略的な意思決定とオペレーションの実行を分業しているし、従業員が「新薬の研究開発で世界の医療の発展に貢献したい」と希望しても「営業をやれ」と命じざるをえない場面があるからだ。従業員が自己実現のために希望したことをそのまま組織内で実行するのは難しく、企業は根本的に従業員が自己実現をしにくい場であると言えよう。

企業が従業員に自己実現の充足を約束するのは、現実的ではない。それよりも、マネジャーは、その1つ下の自我自尊欲求の充足を第一に考え、部下に対応するべきである。他人からの評価など気にせず、ひたすら自らの信じることに突き進む気高い労働者は少数派で、大半は周囲からの評価を気にして、評価によって行動を変えたり、満足度合いが変わったりするはずだからだ。

といっても、マネジャーに特別なことが要求されるわけではない。部下の行動をしっかり見て、貢献があったときには「君のおかげで仕事がうまく進んでいるよ」などと軽く声を掛けるだけでも、部下のモチベーションは大きく違ってくることだろう。

◆動機づけ・衛生理論

古典的な学説の中で、動機づけのあり方を具体的に示唆するのがフレデリック・ハーズバーグの動機づけ・衛生理論（二要因理論）である。

ハーズバーグは、動機づけのあり方について、職務満足の決定要因である動機づけ要因と職務不満の決定要因である衛生要因は異なると考えた。

●動機づけ要因…充足度合いが高まるほど動機づけの水準が高まる要因。仕事の達成、責任の増大、やりがいのある仕事、昇進など。

●衛生要因…充足度合いが高まっても不満が減るだけで、動機づけの水準が高まらない要因。

会社の方針、作業条件、人間関係、給料、雇用の安定など。

それまで、職場環境や報酬などの要因はレベルが上がれば上がるほど労働者の満足度が高まるだろうと、根拠なく想定されていた。しかしハーズバーグによって、満足をつくり出す要因と不満をつくり出す要因は異なり、衛生要因の水準を上げても満足度は高まらないことが明らかになった。

企業の経営資源にも、マネジャーの時間・能力にも限りがある。マネジャーは、すでに満たされている要因にそれ以上の対応をしても無駄で、組織のボトルネックとなっている要因を見つけ出し、その解消に集中的に取り組むことが大切だ。

◆期待理論と内発的動機づけ

近年、モチベーションの領域で盛んに研究が進められているのが、レイマン・ポーターとエドワード・ローラーらに代表される期待理論である。

期待理論は、労働者のモチベーションは、「期待」と「主観的価値」によって決まるという考え方である。つまり労働者は、業務遂行に努力することが何らかの個人的な報酬をもたらすことを期待し、その報酬に対して主観的に価値の大きさを算定している。モチベーションの大きさは2つの要因の積で決まる、というわけだ。

期待理論は、モチベーションが向上するプロセスを総合的に取り入れており、過去のモチベーション研究の集大成と位置付けることができる。

また、エドワード・デシの内発的動機づけも、注目度の高い学説である。デシによると、「自己決定感」「有能感」「他者受容感」の3要素が満たされているとき、労働者のモチベーションが高まるという。

- 自己決定感…自分のことは自分で決めているという感覚。
- 有能感…困難な目標を努力して達成することで、自分が役に立っている感じること。
- 他者受容感…自分のことを信頼し、支援してくれる他者の存在。

内発的動機づけは、動機づけ・衛生理論で言うと、動機づけ要因に力点を置き、その内容を深化させたものだと言えよう。

◆4つの要素とそのバランス

ここまでの代表的な理論・学説を整理しよう。

図6-4◆モチベーションの諸理論の整理

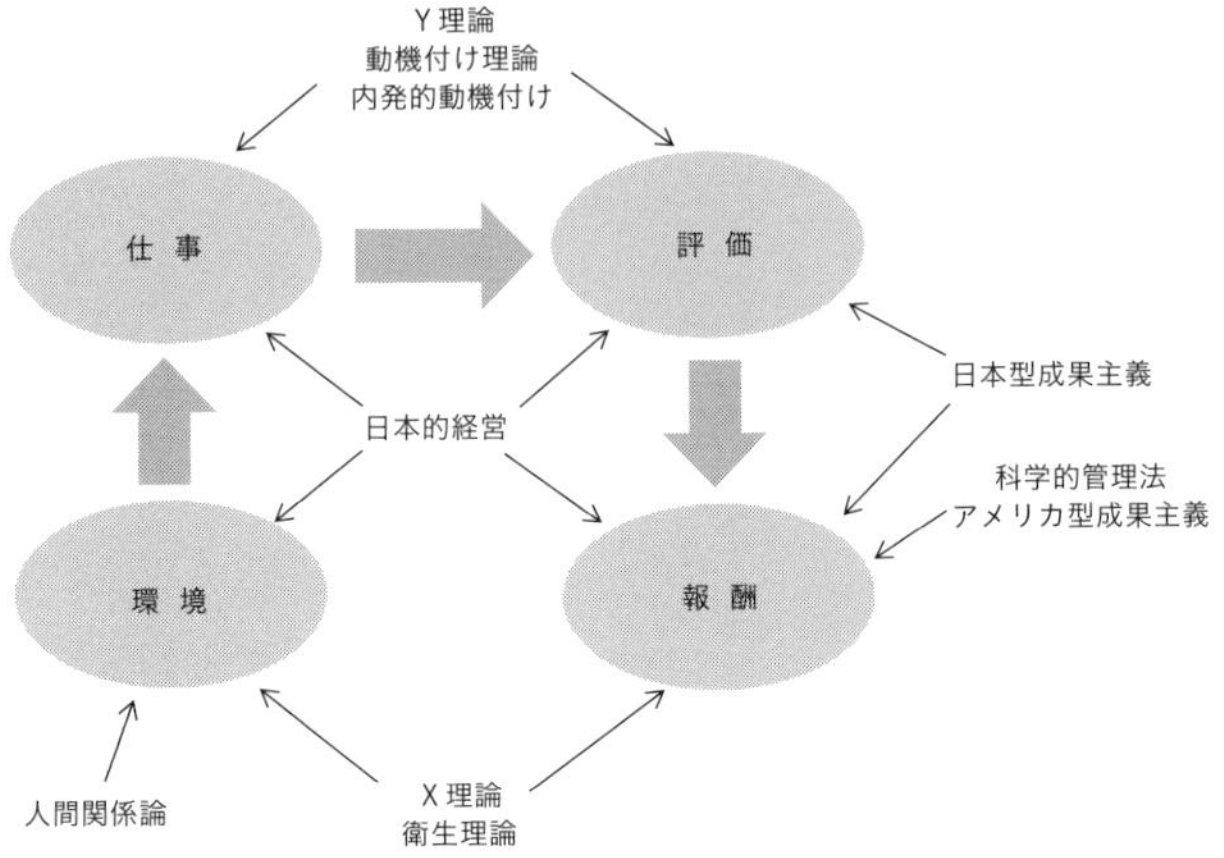

出所：著者作成

人のモチベーションが高まる要因は、大きく「環境」「仕事」「評価」「報酬」という4つに分類できる。労働者は、ある環境の中で仕事を行い、評価を受け、報酬を受け取る。その1つ1つの局面でモチベーションの水準を変えるということだ。ここまで紹介した理論・学説をこの4つに当てはまると、図6-4のようになる。

また、終身雇用や年功序列を中核とする日本的経営は、家族的な人間関係などの環境、能力の伸長に応じて段階的にレベルアップする仕事、同期入社を競わせる微妙な評価、長期安定的な報酬、という4つの項目すべてで総合的に従業員を動機づけている。

近年の成果主義は、結果としての業績を問うアメリカ型は報酬で従業員を動機づけるのに対し、結果だけでなく結果を生むまでのプロセスも問う日本型は評価と報酬の両面で従業員を動機づけている。

マネジャーは、モチベーションが環境・仕事・評価・報酬という4つの側面から成り立っていることを理解し、バランスよく従業員に働きかけると良いだろう。ここまでの各章で触れた内容になるが、次のような対応をとることが期待される。

- 従業員が働きやすい職場環境をつくり出す。とくに、物理的な環境だけでなく、非公式の人間関係にも配慮し、活力ある職場風土の構築・維持に努める。
- 従業員の能力やキャリア段階を考慮し、やりがいのある仕事を与える。また、逐一やり方を指示するのではなく、従業員が工夫を加える余地を残しておく。
- 従業員の能力、働きぶり、成果を公正に評価する。また、その結果を従業員に適時・適切にフィードバックする。
- （金銭的報酬は人事部門が所管するとしても）表彰・賞賛など非金銭的報酬を活用する。

◆仕事による動機づけ

マネジャーは、環境・仕事・評価・報酬という4つの側面のどれかに偏ることなく、バランスよく従業員に働きかけることが大切だ。

図6-5◆見通しと達成意欲

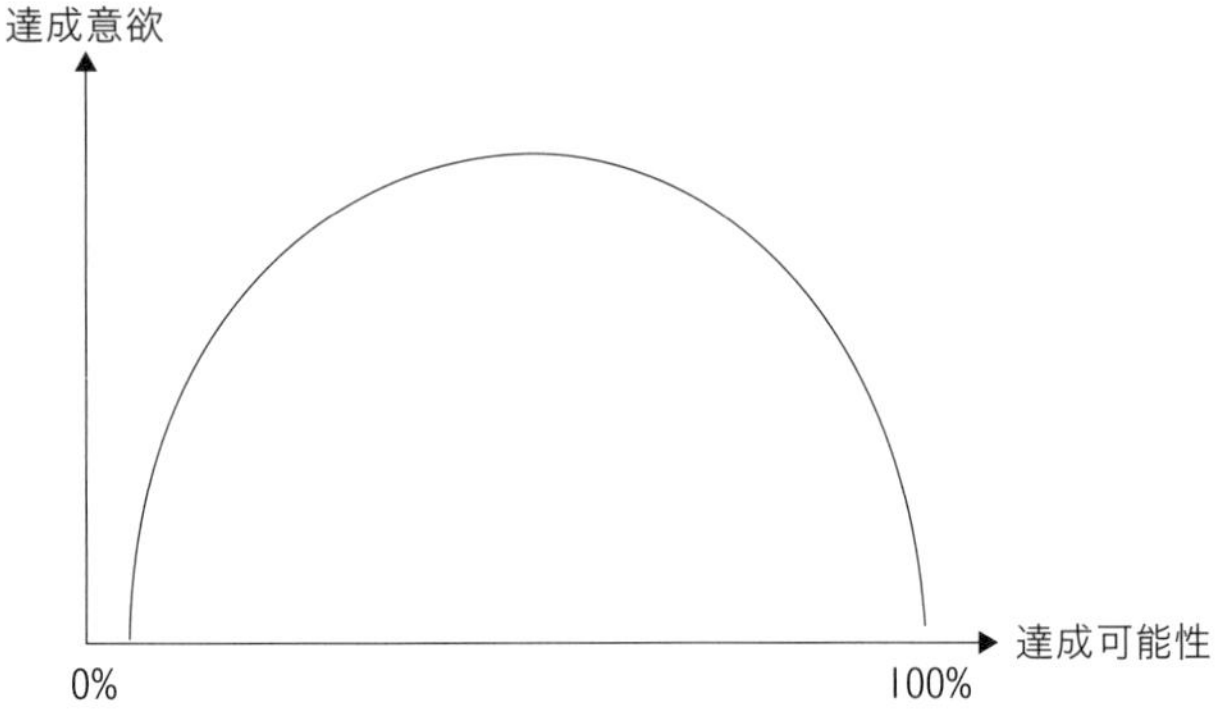

出所：著者作成

しかし、中でもとりわけ重要で、マネジャーがなかなか実践できていないのが、仕事による動機づけである。

知識労働者は、報酬もさることながら、自分の能力を発揮できる創造的・挑戦的な仕事に取り組むことにやりがいを見出す。逆に、仕事に不満を感じると、環境・報酬などその他の要因が満たされていても、動機づけを失う。

現実にマネジャーは、職場の責任者として職場の環境を整備することや考課者として公正な評価をすることには気を使うが、仕事については無頓着なことが多い。「この仕事は本部長がやれと言ってるんだ。つべこべ言わず、さっさとやれよ」という乱暴な仕事の与え方をして、逆に有能な部下のモチベーションを低下させている場合も珍しくない。

マネジャーは、漫然と部下に仕事を与えるのではなく、仕事が労働者のモチベーションを左右する最大の武器であることを認識し、次のように明確な意図を持った仕事の与え方をすると良いだろう。

- **本人の適性・希望・能力水準などを勘案し、創造的・挑戦的な仕事を与える。** 図6－5のように、100％達成が見通せる仕事でも、まったく(0％)達成が見通せない仕事でも達成意欲、モチベーションは高まらない。能力をフルに発揮して達成できるかどうか、という適度に挑戦的な仕事を与える。なお、チャレンジングな人は30％とか可能性が低い状態でモチベーションが最大化するが、保守的な人は80％とか高くないとモチベーションが高まらない。放物線の形状には個人差が大きいことには注意したい。
- **その仕事の意味や会社全体の中での位置づけを理解させる。** 個人が担当する業務は組織の活動全体の一部分に過ぎないが、仕事をすることの意味や全体の中での位置づけがわかり、適度な見通しが立つと、モチベーションが高まる。
- **工夫の余地を与える。** 仕事を進める手順や使用する資源を上司によって逐一決められた状態では、モチベーションは高まらない。計画段階に参加させるなど、本人の考えを反映させる機会を作るのは有効である。
- **本人のキャリアとの関連を示す。** とくに若手従業員の場合、初歩的な単純作業でも、将来のキャリア開発のステップとして重要ということが多い。本人のキャリアを勘案し、担

図 **6-6** ◆ コミュニケーションの３つの流れ

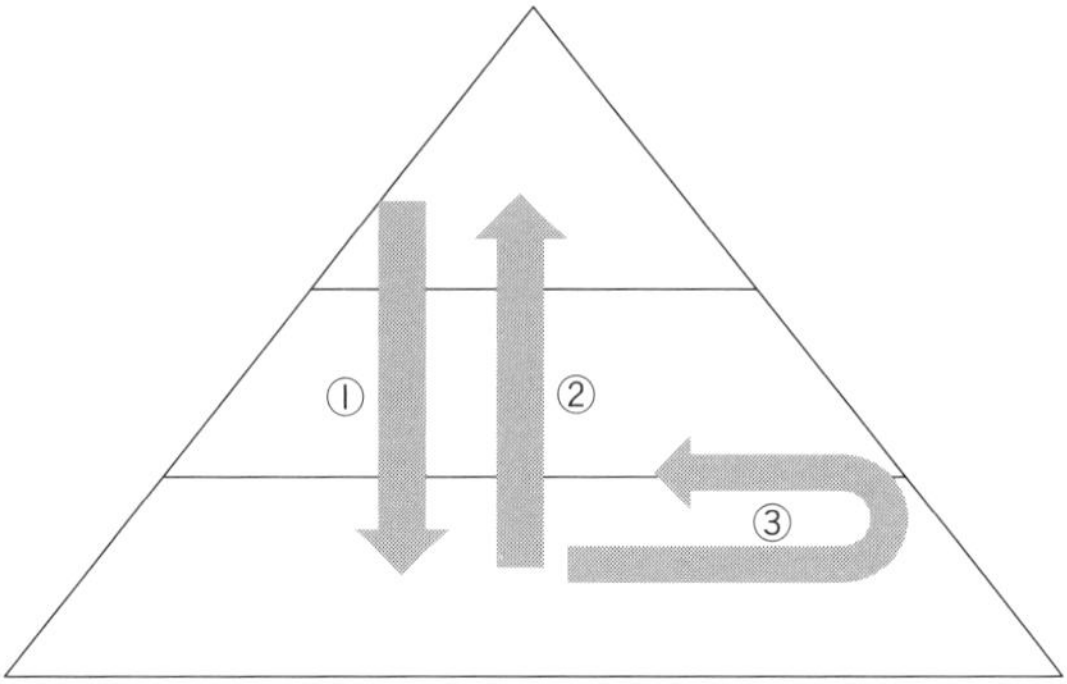

出所：著者作成

当業務がキャリア開発とどう関連するのかを示すと良い。

- **勝ち戦を経験させる。**とくに若年層は、仕事で成功体験を得ると、仕事に対する不安が和らぎ、より挑戦的な仕事に自発的に取り組むようになる。そのためにマネジャーは、良い仕事を与えるとともに、与えっ放しではなく、進捗を適宜フォローする。

これらの留意点は、職場の状況や個々の従業員によって大きく異なるはずだ。マネジャーは職場環境や部下の特徴をしっかり把握したうえで、仕事の与え方について自分なりのリストを作っておくと良い。

◆ 3つのコミュニケーション・フロー

マネジャーがこうしたマネジメント活動を実践す

る基盤になるのが、コミュニケーションである。コミュニケーションとは、人間同士が感情・思考などの情報を伝達・共有する活動全般のことである。

企業内部のコミュニケーションは、①経営トップが企業の方針・戦略などをミドルやロワーに伝達する上から下への流れ、②ロワーが外部環境や現場での活動を経営トップに伝達する下から上の流れ、③他部門のメンバーと情報共有する横の流れ、に大別できる（図6-6）。

かつて主流だったトップダウンの組織プロセスでは、①の指示命令型の一方通行コミュニケーションが想定されていた。この場合、命令統一性を容易に発揮できるが、指示命令を受けて忠実に実行するだけの、依存型の部下ができてしまう。

そこで、近年ボトムアップあるいはミドルアップダウンの組織プロセスに転換し、②③の質問型の双方向コミュニケーションを取ることが重視されている。この場合、命令統一性を保つのが難しいが、うまく行けば従業員の自主的な行動を引き出すことができる。つまり、マネジャーは、コミュニケーションの3つの流れを理解し、3つの流れがより円滑になるよう、関係者に働きかけて行く必要があるということだ。

ここで働きかけというのは、まずコミュニケーションの量である。相手との理解や共感はコミュニケーション量に比例するので、マネジャーは努めて部下と接触する機会を増やす。また、部下同志のコミュニケーション機会を増やすように配慮する。

一方、コミュニケーションの質を高めることも大切だ。インターネット・SNSの情報が増え、どの職場も〝情報の洪水〟というべき状況になっており、入手した情報をそのまま伝達したのでは、職場の効率が大きく低下してしまう。相手にとって有益な情報を選別して伝達する、単に事実を伝えるのでなく、情報の意味合いを分析して伝える、といった工夫が必要だ。たとえば、営業部門のマネジャーが過去1か月間の顧客からのクレームの報告を受けたら、それを「お客様の生の声です」とそのままトップに流すのではなく、トレンド・特徴・原因・今後の対応をまとめ、自分の解釈を加えて伝達すると良い。

また、チャネルの選択も意識する。コミュニケーションには、会議・文書・電子メール・雑談・アンケートなどさまざまなチャネルがあり、それぞれ長所・短所がある。相互理解を深めるには対面の雑談、正確な伝達が要求される場合には文書、時間・空間的に離れた相手に伝達する場合には電子メールやオンライン会議などとコミュニケーションの目的や職場の状況を勘案して効果的・効率的なチャネルを選択する。

◆コーチングによる双方向コミュニケーション

3つのフローの中で、多くのマネジャーにとって難しいのが、下から上のコミュニケーションを引き出すことであろう。上から下への指示命令型コミュニケーションは、正当的パワーの裏付けを持つマネジャーにとって容易だが、下から発信を引き出すには、マインドとスキルを転換する必要がある。

このマインドとスキルについて参考になるのが、コーチングである。コーチングとは、対話を通して相手がなし遂げたいことを見つけ出し、どうやったら実現できるのかを探り出すことによって、自発的な行動を促し、実際に結果を創り出すコミュニケーション技法である。

コーチングのマインドとは、相手の個性や能力を尊重することだ。マネジャーは、部下に対して命令・説得・教示しがちだが、部下の能力・可能性を信じ、相手が持っている答えを引き出すことを第一に心がける。マネジャーの役割は、ティーチャーではなく、ファシリテーターであることを意識する

コーチングのスキルとは、相手からの発信を引き出していく対話の進め方である。マネジャーは、次のことを実践すると良い。

- **相手の話しを積極的に傾聴する。**積極的傾聴とは、ただ話の中身を聞くだけでなく、相手の気持ちまで深い関心を持ち、より多くの発言を引き出すような聞き方である。
- **いろいろなタイプの質問をうまく使いわけることによって、相手の発言を引き出していく。**質問には、次のようなものがある。

〔質問の種類〕

①イエス・オア・ノー型質問…具体的な事がらについての事実関係を確認するための質問で、答えはイエスかノーになる。

「お客様へのプロポーザル提出はもう終わったかい？」

②限定的・事実確認型質問…具体的な事がらについての事実関係を確認するための質問で、答えは具体的な数値などになる。

「新製品の今月の販売数量はどれくらいだったかな？」

③限定的・説明型質問…具体的な事がらについて理由や見解を引き出すための質問。

「このところ、わが部で発注ミスが減少しているのはなぜだろうか？」

④広角型質問…ある事がらについて特定の側面に限定せず、幅広く相手方の意見を求める質問。

「今後のキャリアについてどう考えているんだい？」

⑤条件型質問…「もし～したら」という条件をつけて、相手からより具体的な解答を求める質問。

「もしセミナーを受講するだけでなくも教材を購入するとしたら、取引の条件はどのようになるんだろうか？」

対話の初期段階では、相手が答えやすいように①②の質問を多用するが、それだけではなかなか話しが発展しないので、③④⑤を有効に使い、相手にたくさんの発言してもらうようにする。

- 相手の発言の中から重要ポイントを捉え、タイミングよくフィードバックする。相手の自発的な行動を引き出すには、直面する問題の解決や今後の成長に繋がる点を捉えて、できる限り肯定的にフィードバックすると良い。

◆MBWA

マネジャーのコミュニケーション活動のあり方として注目したいのが、MBWA(Mangement by walking around)、直訳すると「歩き回るマネジメント」である。トム・ピータースとロバート・ウォーターマンが『エクセレント・カンパニー』の中で紹介しているように、欧米ではMBWAを意識的に取り入れる企業が増えている。

マネジャーの職場での行動を振り返ると、書類を作ったりする時間は意外と少なく、（業種・職種にもよるが）勤務時間全体の6割から8割を関係者との関係づくりに費やしているのではないだろうか。たとえば、部下が元気に仕事をしているかどうかを雑談の中から確認したり、顧客と最近の市場動向について電話で軽く話し合ったりする。こうしたインフォーマルなコミュニケーションは、部下の行動をコントロールしたい、顧客から有益な情報を得たい、という実利的な側面よりも、相手との関係づくりに役立てている側面が強い。

MBWAは、マネジャーが自ら現場に足を運び、部下や顧客など関係者に入り込んで、彼らとインフォーマルなコミュニケーションを深めることを勧める。

マネジャーにとってのMBWAのメリットは、関係者と相互理解が深まるだけでなく、意思決定がレベルアップすることである。マネジャーの意思決定は、費用対効果を明確に定量化できるものもあるが、状況が曖昧模糊として、あっちを立てればこっちが立たないという複雑なものが多い。このときマネジャーに要求されるのは、1つは冷静な分析、1つは自分なりの価値基軸、そしてもう1つは現場感覚である。MBWAによって現場感覚を磨いたマネジャーは、曖昧な状況でも直感的に適切な決断を下すことができるのである。

当然、マネジャーからは「忙しくて、うろうろしている場合じゃないよ」という反論があろう。業務の専門化・細分化やテレワークの普及で、部下の活動を把握しづらくなった。一方、組織のフラット化でマネジャー一人あたりの管理スパンが広がり、内部統制など新たな負荷も増えている。こうして多忙になったマネジャーは、MBWAどころか、直属の部下とのコミュニケーションすら希薄になっているのが現状だろう。

こうした中、MBWAを実践するには、インフォーマルなコミュニケーションへの認識を改めるだけでなく、それを実践するだけの時間的余裕を作り出すタイム・マネジメントのスキルも必要だ。具体的に、マネジャーは、職務遂行能力を高めるとともに、次の点に留意すると良いだろう。

- 業務の重要性を精査し、不要な業務を思い切って廃止する。
- 自分でなければならない仕事を厳選し、それ以外は部下に権限移譲する。
- １００％の完成度は求めず、80％で妥協する。

◆上司のマネジメント

ここまでリーダーシップ、パワー、モチベーション、コミュニケーションとマネジャーによる個人への働きかけについて考えてきたが、ここで言う個人とは、ほぼマネジャーの配下にある部下であった。最後に、部下のマネジメントと同様に重要だが、あまり注目されていない、上司のマネジメントについて検討しよう。

われわれはマネジメントというと、部下に指示を与え、部下を監視してしっかり行動させ、目標を達成する活動のことだと考えがちだ。一昔前、「上司は部下に対し鬼になるべきか、仏になるべきか」という議論で大いに盛り上がったように、マネジメントの対象はもっぱら部下というのが常識だ。
しかし、マネジャーは、部下の管理さえしっかりやれば十分ということではない。どれだけしっかり部下を管理し、期待どおりに部下が働いてくれたとしても、そもそもの目標が違っていたり、外部の関係者の協力が得られない状態では、大きな成果は実現できないだろう。複雑化した現代のビジネスでは、部下だけでなく社内の関係者、仕入先・顧客といった関係者と幅広く協力関係を結び、協力して仕事を進める必要がある。

とくに日本では、上司に対するマネジメントが不足している。正確に言うと、上司がマネジメントの対象であるという発想がそもそもない。上司の命令にひたすら服従するか、無視・反抗するかのどちらかで、上司に影響を与えて、上司とうまく協働しているマネジャーはまれだ。

マネジメントとは、第1章で確認したとおり「人を通して目標を達成するプロセス」であり、その〝人〟が部下であるとは限らない。目標を達成するためには、上司もしっかりマネジメントするべきだ。

マネジャーにとって上司のマネジメントがとりわけ重要なのは、職場の目標形成においてである。マネジャーが職場の目標を形成するとき、トップダウンで会社の大きな戦略・方針を職場レベルに落とし込む作業をするのだが、会社の戦略・方針が現場の実態から遊離し、不適切だということが珍しくない。

そのとき、マネジャーは直属の上司、場合によっては経営層と掛け合って、戦略・方針の修正を求めるか、自職場を例外として認めてもらう必要が出てくる。上意下達の風土が強い組織では、マネジャーにとって非常に勇気のいることだが、成果実現のためには避けて通れない課題だ。

ケースの解説

本ケースでは、マネジャーの役割、リーダーシップやモチベーションに対する考え方が問われる。

まずマネジャーの問題意識として、大町が会社の経営状況を楽観視している点が気になる。会社の業績が順調といっても、経営環境の変化を考えると、今後は厳しい競争が予想される。おそらく営業企画課には、経営陣から降りてきた方針を支店に流すだけでなく、新しいニーズの開拓や新しい営業手法の導入といったイノベーションを主導することが今後は期待されるようになるだろう。

大町が石川のことを心配するのは当然だが、最後の「石川しっかりしろ」という言い方から、大町は石川を何とか説得しようとしており、石川のことをどこまで真剣に考えているか疑わしい。石川の社業に対するモチベーションが低い点について、大町は、石川を詰問する以前に、まず自分のリーダーシップや部下の動機づけのあり方に問題がないかを確認するべきだろう。

大町は権力を使って部下に成果を要求する9・1型のリーダーシップ・スタイルのようだ。支店に睨みを利かせて統制するには良いかもしれないが、石川のように能力・意欲の高い部下にはあまりマッチしていない可能性が高い。

大町は、石川にチーム・リーダーを任せるなど、高い「評価」によって石川のモチベーション維持に配慮しているつもりのようだが、「仕事」はどうだろうか。支店の営業実績を管理する業務は、石川にとって物足りなく、「仕事」によって十分に動機づけられていないことが推測される。営業企画課がイノベーションを主導することを期待されているなら、石川にその中心的役割を担ってもらうなど、モチベーションを向上させる余地はあるだろう。

検討課題

- あなたはリーダーとして、大局観・胆力・成熟をバランスよく備えているか。強み・弱みはどこにあるか。
- 自身のリーダーシップ・スタイルを分析せよ。人間・関係と仕事・業績のどちらに重点が置かれているか。また、部下との関係など職場の状況に応じて、柔軟にリーダーシップ・スタイルを変えることができているか。

- 自身のパワーの源泉を分析せよ。部下など関係者に対し、公式・非公式のパワーをバランスよく行使しているか。
- 環境・仕事・評価・報酬にバランスよく着目し部下を動機づけすることができているか。とくに、仕事による動機づけを工夫しているか。
- コーチングのマインドとスキルを意識し、部下など関係者とインフォーマルなコミュニケーションを深める活動をできているか。
- 上司をマネジメントの対象であると認識し、効果的に働きかけることができているか。

おわりに

今日、マネジャー・中間管理職は受難の時代だと言われる。経営陣から成果実現の要求水準が高まる一方だ。部下はなかなかついてきてくれない。プレイングマネジャーとしての成果も要求される。へとへとになって日々の業務をなんとかこなしている、というのが平均的なマネジャーの姿かもしれない。

「マネジャーをしていて楽しいですか？」と問われたら、どうだろうか。

「楽しいわけないだろう。いますぐ辞めたいよ」と即答する声が聞こえる一方、著者が関わる産業能率大学マネジメント大学院や企業研修などでは、マネジャーの仕事に得がたい魅力を感じている方も少なからずいる。

日々の業務を楽しいと感じているマネジャーは、部下をはじめとする人々と交わり、協力し、一緒に悩みながら仕事を進め、個人ではなし得ない大きな成果を実現するところに、仕事の醍醐味、達成感を感じている。マネジメントは、厳しく、困難な側面を持つ一方、職業人として最高の充足感が得られる素晴らしい活動なのだろう。

同じような仕事・役割を果たしながら、かたや「いますぐ辞めたい」、かたや「最高に充実している」という、大きく異なる反応が現れるのはなぜだろう。

これまで一般には、マネジャーの姿勢・心構えが問題にされることが多かった。つまり「マネジャーという責任ある大きな役割を担っているのだから、意気に感じて頑張れ」という精神論が優勢だった。

たしかに、前向きな姿勢・心構えは非常に大切だが、姿勢・心構えは、仕事のあり方を決める原因であると同時に、仕事の成果によって培われる結果という側面も強い。そして成果を得るには、マネジメント技法をしっかり習得することが欠かせない。出発点は、姿勢・心構えではなく、あくまでマネジメント技法である。

今日の複雑な事業環境・職場環境の中で、マネジャーが成果を上げるためには、高度なマネジメント技法を身に付け、それを状況に応じて的確に使いこなす必要がある。適切なマネジメント技法を使うと、目標達成の可能性が高まる。成果が出て、それが認められると、仕事が面白くなる。仕事が面白くなると、さらに高度な仕事に挑戦しようという前向きな姿勢が醸成される。

逆に、勘と経験に頼ったマネジメントではなかなか成果が出ない。成果が出せないと、認められず、仕事が面白くない。ますます仕事に対する姿勢が後ろ向きになっていく。

精神論に押されてないがしろにされがちだが、マネジメントのスキルは決定的に重要なのだ。しかも、いろいろな状況に柔軟に対応するには、特定の場面にしか使えないスキルでなく、理論に裏打ちされた、応用の利くスキルであることが期待される。

本書は、マネジャーによる人や組織のマネジメントのあり方について考察した。マネジャーの実際のマネジメント活動の役に立つよう、理論だけでも、実践ノウハウだけでもなく、理論に裏打ちされた実践ノウハウを紹介したつもりである。読者の皆さんには、日々の活動で本書の内容を実践し、組織に貢献するとともに、充実したビジネスライフを送られることをお祈りしたい。

本書において編集者の神谷竜介氏と10年ぶりにお仕事をご一緒させていただいた。記述内容に関する責任はすべて著者にあるが、基本的な企画は神谷氏の発案によるものである。記して感謝申し上げたい。

2012年6月

日沖　健

参考文献

●アブラハム・マズロー『人間性の心理学』産業能率大学出版部、１９８７年

●エドガー・シャイン『組織文化とリーダーシップ』ダイヤモンド社、１９８９年

●エドワード・デシ、リチャード・フラスト『人を伸ばす力――内発と自律のすすめ』新曜社、１９９９年

●小熊英二『日本社会のしくみ』講談社現代新書、２０１９年

●佐藤博樹・武石恵美子『職場のワーク・ライフ・バランス』日本経済新聞出版社、２０１０年

●ジェームス・コリンズ『ビジョナリー・カンパニー②』日経ＢＰ社、２００１年

●ジェームズ・アベグレン『新・日本の経営』日本経済新聞社、２００４年

●ジョン・コッター『ジョン・コッターの企業変革ノート』日経ＢＰ社、２００３年

●須田敏子『戦略人事論・競争優位の人材マネジメント』日本経済新聞出版社、２０１０年

●清家篤『エイジフリー社会を生きる』ＮＴＴ出版、２００６年

●十川廣國編著『経営組織論』中央経済社、２００６年

●テレンス・ディール、アラン・ケネディー『シンボリック・マネジャー』岩波書店、１９９７年

●戸部良一・寺本義也・鎌田伸一・杉之尾孝生・村井友秀・野中郁次郎『失敗の本質――日本軍の組織論的研究』ダイヤモンド社、１９８４年

●トム・ピーターズ、ロバート・ウォーターマン『エクセレント・カンパニー』講談社、１９８３年

●沼上幹『組織戦略の考え方』筑摩書房、２００３年

●野中郁次郎・竹内弘高『知識創造企業』東洋経済新報社、１９９６年

●濱口桂一郎『ジョブ型雇用社会とは何か』岩波新書、２０２１年

●日沖健『歴史でわかるリーダーの器』産業能率大学出版部、２０１１年

●日沖健『マネジメントトレーニング77』産業能率大学出版部、２０１６年

●日沖健『マネジャーのロジカルな対話術』すばる舎、２０１７年

●ルイス・ガースナー『巨象も踊る』日本経済新聞社、２００２年

マ行

ヤ行

ラ行

ワ行

タ行

ナ行

ハ行

サ行

主要事項索引

第2版に寄せて

２０１２年に初版を刊行してから5年が経ち、このたび改訂第2版を刊行することになった。たくさんのビジネスパーソンに初版をお読みいただいたことにまず感謝を申し上げたい。

本書のテーマである人材マネジメントは、この5年間で大きく変貌した。人手不足・コンプライアンス・女性活躍・長時間労働問題など組織と人を巡る状況は大きく変化し、マネジャーはますます困難な対応を迫られるようになっている。第2版では、こうした最近の変化を踏まえ、ビジネスの現場でマネジャーが直面する新しい課題を中心に加筆修正した。

ただ、組織・人を巡る環境は変わっても、基本的な考え方や理論は不変である。むしろ、変化が激しく、組織・人が多様化するほど、しっかりした考え方・理論に基づいてマネジメントを進めることの意義が大きくなる。「良い理論ほど実践的なものはない」のである。

第2版がマネジャーの実践にとって確固たる指針となることを切に願っている。

２０１７年6月

日沖 健

第3版に寄せて

２０１２年の初版の刊行から11年、２０１７年の第2版刊行から6年経ち、このたび第3版を刊行することとなった。たくさんのビジネスパーソンに初版・第2版をお読みいただいたことに感謝を申し上げたい。また第3版の改訂では、第2版に続き千倉書房の編集者・岩澤孝氏にお世話になった。初版発行から11年経つ本書が新鮮さを失っていないとすれば、岩澤氏の尽力のおかげである。記して感謝申し上げたい。

この6年間で、組織と人を巡ってさまざまな変化があった。２０１９年4月から働き方改革関連法案が順次施行され、働き方が大きく変わった。２０２０年から新型コロナウイルスの感染拡大が起こり、テレワークの普及などがあった。また、ジョブ型雇用、リスキリング、人的資本経営といった動きもある。こうした変化を踏まえて、第3版では加筆修正を行った。

一方、企業経営において人材が決め手であること、多くの理論・技法がマネジャーの活動に有益であることは、何ら変わりはない。

第3版が引き続きマネジメントの実践にとって確固たる指針となることを願っている。

２０２３年2月

日沖　健

[著者略歴]
日沖 健(ひおき・たけし)

日沖コンサルティング事務所・代表
1965年生まれ。慶應義塾大学商学部卒業。Arthur D. Little School of Management修了(MBA with Distinction)。日本石油(現ENEOS)で社長室、財務部、シンガポール現地法人、IR室などに勤務し、2002年より現職。この間、産業能率大学総合研究所講師、中小企業基盤整備機構アドバイザー、産業能率大学マネジメント大学院・講師を歴任。中小企業診断士。『現状認識の方法』など著書多数。

変革するマネジメント 第3版
――戦略的人的資源管理

二〇一二年一〇月二三日 初 版第一刷発行
二〇二三年 六月 一日 第三版第一刷発行

著者 日沖健
発行者 千倉成示
発行所 株式会社 千倉書房
〒一〇四-〇〇三一 東京都中央区京橋三-七-一
〇三-三五二八-六九〇一(代表)
https://www.chikura.co.jp/

印刷・製本 藤原印刷株式会社
デザイン 米谷豪

Printed in Japan〈検印省略〉
ISBN 978-4-8051-1297-7 C0034
乱丁・落丁本はお取り替えいたします